à mon avis

CATHERINE J. KIRKLAND

Phillips Academy, Andover

EDWARD C. KNOX

Middlebury College

HARCOURT BRACE JOVANOVICH, INC.

NEW YORK   CHICAGO   SAN FRANCISCO   ATLANTA

ISBN: 0-15-500362-3

Library of Congress Catalog Card Number: 76-43637

Printed in the United States of America

Cover: John Lewis Stage/The Image Bank

COPYRIGHTS AND ACKNOWLEDGEMENTS appearing on page 183 constitute a continuation of the copyright page.

preface

A mon avis is an anthology designed to stimulate classroom discussion and thereby build active vocabulary in French. All the articles come from recent issues of popular French magazines and newspapers and deal with subjects that will touch the students personally, and about which they may already have opinions.

Selections in a chapter refer to one general topic. At the beginning of the chapter basic vocabulary for that topic is presented, followed by vocabulary exercises to be done orally in class, with or without student preparation. Once students have mastered this vocabulary, they can read the articles in the chapter in any order. Every article is followed by a section titled "à votre avis...," which consists of five to ten questions asking for the students' own opinions and experiences, as well as their reactions to the article, and giving suggestions for class debates. In using new vocabulary to argue matters of personal and cultural importance, students should quickly achieve an active command of the vocabulary.

We distinguish two levels of difficulty: the first corresponds to the early intermediate level; the second, consisting of the texts marked with an asterisk in the table of contents, is somewhat more advanced. The difference is a matter of style and structure rather than vocabulary.

In relation to each article we have isolated concepts—preference, change, responsibility, conflict, to name a few—that naturally arise in conversation, especially in the discussion of opinions. The vocabulary of these concepts is presented in the student manual available with *A mon avis*. The presentation is keyed to show shades of meaning and has illustrative quotations from the articles. This conceptual vocabulary is followed by exercises that include some of the basic thematic vocabulary given in the anthology, as an aid to the integration of thematic and conceptual vocabularies. Use of the manual will add flexibility and depth to the anthology.

In a sense, both the anthology and the manual have been developed in the hope that if students were to be interviewed by a French journalist for any of the periodicals represented here, they would be able to answer in French worthy of their opinions and experiences.

We owe special thanks to Sophie Gendrot for many helpful ideas and to Hope Gottlieb for preparing the *Lexiques* for both the anthology and the manual. We would also like to thank our editor at Harcourt Brace Jovanovich, Alexandra Roosevelt.

C.J.K.

E.C.K.

contents

* Selections marked with an asterisk are somewhat more difficult. See the Preface.

Travail et vacances

IV

Mode et cuisine

* Selections marked with an asterisk are somewhat more difficult. See the Preface.

V

Politique et sociétés

VI

Information et culture

* Selections marked with an asterisk are somewhat more difficult. See the Preface.

VII

Qualité de la vie

* Selections marked with an asterisk are somewhat more difficult. See the Preface.

mariage et famille

vocabulaire
DE MARIAGE ET FAMILLE

Faire la connaissance de qqn

sortir avec qqn
tomber amoureux de qqn
un petit ami, une petite amie
se fiancer
se marier avec qqn = épouser qqn[1]
≠ vivre avec qqn, vivre ensemble (sans être mariés)
le voyage de noces = la lune de miel
être marié ≠ être célibataire ou divorcé ou veuf (f. veuve)

La vie conjugale

l'époux = le mari ; l'épouse = la femme
un couple = un ménage
un jeune ménage = de jeunes mariés
fidèle ≠ infidèle
tromper son mari ou sa femme
avoir un amant ou une maîtresse
s'entendre (avec qqn) ≠ ne plus s'entendre
la rupture, rompre (avec qqn) = se séparer
le divorce, divorcer[2]
avoir la garde des enfants
verser ≠ toucher une pension alimentaire

La vie de famille

être enceinte, la grossesse
se faire avorter, l'avortement
pratiquer la contraception = prendre la pilule
être enfant unique ≠ faire partie d'une famille nombreuse
avoir ou vouloir beaucoup d'enfants
la femme au foyer ≠ la femme qui travaille, « libérée »
être maîtresse de maison
faire le ménage, les lits, les courses, la cuisine, la vaisselle, la lessive

L'éducation des enfants

s'occuper des enfants (*fam.* « les gosses ») ≠ les mettre à la la crèche
élever un enfant

---

[1] Remarquez bien qu'on épouse qqn, mais qu'on se marie *avec* qqn.
[2] Le verbe *divorcer* en français ne prend pas de complément, on dit simplement « il ou elle a divorcé ».

un enfant bien élevé, sage ≠ mal élevé, insupportable
gâter un enfant
punir, gronder, se fâcher
obéir à qqn ≠ désobéir à qqn
interdire à qqn de faire qqch ≠ autoriser qqn à faire qqch
interdiction ≠ autorisation = permission

Les jeunes

être majeur ≠ être mineur
la majorité ≠ la minorité
la liberté
la responsabilité
avoir, prendre des responsabilités
avoir des droits
avoir le droit de faire qqch
être dépendant ≠ être indépendant
dépendre de qqn ou qqch
s'entendre avec qqn ≠ se disputer avec qqn
réagir (bien ou mal)
avoir des réactions (bonnes ou mauvaises)
avoir des parents libéraux, compréhensifs ≠ sévères, vieux jeu
le conflit des générations
être exigeant, agressif, intransigeant
se sentir frustré
être rebelle = se révolter = être non-conformiste
le non-conformisme
se moquer de qqn = tourner qqn en ridicule
être mûr ≠ manquer de maturité
respecter qqn ≠ manquer de respect envers qqn
rejeter les valeurs de qqn
avoir confiance en qqn = faire confiance à qqn ≠ se méfier de qqn
un copain, une copine

exercices
SUR LE VOCABULAIRE DE SITUATIONS FAMILIALES

I Remplacez les mots en caractères gras selon les indications données entre parenthèses.

1. Laure est revenue embellie du **voyage de noces**. (=)
2. Il est difficile de savoir si Philippe est **fidèle** à sa femme. (≠)

3. Croyez-vous qu'une **épouse** doive respecter les volontés de son mari ? (=)
4. Il y a beaucoup de divorces et peu de **couples** heureux. (=)
5. Madame Dupont est mère d'**une famille nombreuse.** (≠)
6. Jacques **s'entend toujours bien** avec sa femme. (≠)
7. Ils vont **se séparer.** Comme c'est triste ! (=)
8. Albert est **célibataire.** (≠)
9. Et qui **verserait** la pension alimentaire ? (≠)
10. C'est souvent la femme qui élève **les enfants.** (=)

II Mettez le mot en caractères gras au féminin et faites les changements nécessaires.

1. Son **mari** l'a abandonnée avec six petits enfants.
2. Comme je me sens libre depuis que je suis **veuve** !
3. Vous croyez que le professeur a **un amant** ?
4. Pour éviter le divorce, restez **célibataire** !
5. C'était **un époux** fidèle et dévoué.

III Répondez aux questions par une phrase complète en utilisant le vocabulaire sant le vocabulaire de Mariage et Famille.

1. Pourquoi n'es-tu pas venue danser ?
2. Se fâcheront-ils si tu rentres après minuit ?
3. Qu'est-ce qui est interdit ici ?
4. Pourquoi voulez-vous gagner de l'argent ?
5. Pourquoi l'avait-elle grondé ?

IV Faites des phrases logiques utilisant les éléments suivants.

1. tomber amoureux, rompre
2. se marier, vivre ensemble
3. un couple, avoir un amant
4. famille nombreuse, pilule
5. s'entendre bien, divorcer

V Faites une description du père et de la mère parfaits et comparez avec l'idéal des autres étudiants.

FRANÇOISE SIMPERE

Le Mariage, à quoi bon?

L'augmentation du nombre des divorces semble prouver que le mariage est une valeur démodée. Beaucoup de gens se marient encore, mais l'auteur suggère ici que le mariage détruit peut-être des couples qui auraient continué d'exister dans l'union libre.

Vivre ensemble 24 heures sur 24, cela ressemble tellement au mariage qu'il semble inutile d'aller plus loin. Et pourtant, la majorité des couples finissent par se marier, persuadés de toute manière que cela ne changera rien à leur existence, et « qu'ils s'aimeront bien autant après qu'avant, non ? »

Le cas de Laure est extrême, peut-être, mais loin d'être unique. Laure m'avait présenté sans ambages : « Christian, mon amant ». Quelques mois plus tard, il était devenu : « Mon fiancé ». Les yeux brillants, elle m'avait montré son annulaire gauche orné d'un saphir et d'un brillant jumelés. Il était normal, pour leurs familles, que Laure et Christian se fiancent. Cela rendait plus convenables leurs relations. Pour nous, cela ne changeait rien. Nous sortions toujours en groupe, couples d'étudiants unis pour une semaine, une année ou plus, qui sait ?

Bien plus. Nous nous quittions, les examens terminés, pour nous retrouver, ravis, à chaque rentrée d'octobre. Le troisième octobre, Laure m'annonça son mariage :

— C'est aussi bien après trois ans de vie commune, et ça ne changera rien à notre existence.

— Tu as raison, ça vous simplifiera la vie.

La cérémonie fut très gaie. Après le traditionnel voyage de noces, Laure nous revint amincie, embellie : le mariage lui allait bien. On la vit fort peu dans le mois qui suivit. « J'apprends à faire la cuisine, et j'aménage notre appartement », me dit-elle. Je m'étonnai que trois ans de vie commune n'aient pas suffi à ses tâches, mais ne dis rien.

Six mois plus tard, Laure quittait Christian, pour ne plus revenir, « lasse de cette cage, dorée peut-être, mais étouffante ». C'étaient

ses propres termes. Christian, effondré, ne comprenait pas : « Je ne lui ai jamais rien refusé : équipement ménager, vêtements, bijoux, elle avait tout. Je ne travaillais que pour elle. »

C'était vrai. Laure continuait ses études. Sans conviction. Christian se moquait gentiment de ses échecs : « Tu n'es vraiment pas faite pour le travail, ma chérie, mais ça n'a aucune importance, je suis là pour gagner notre vie. »

En revanche, il accordait une importance extrême à l'apparence physique de sa femme, me prenant à témoin pour me faire admirer les yeux, le sourire, les jambes, la silhouette de Laure, avec une précision gênante. On aurait cru que, fier de son acquisition, il entendait clamer au monde entier son bonheur conjugal. Du reste, il adorait Laure, la comblant de cadeaux, d'attentions, de caresses.[...]

Extrait de *Elle*, 28 octobre 1974

à votre avis...

1. Pour quelles raisons Laure et Christian se sont-ils fiancés, puis mariés ? Que pensez-vous de ces motifs ?
2. Pourquoi Laure est-elle partie ? Qu'est-ce qui a changé avec le mariage ?
3. Que pensez-vous des commentaires de Christian ?
4. Leur cas vous paraît-il typique ou exceptionnel ? Pourquoi ?
5. Si Laure s'était expliquée, Christian aurait-il compris ? Pensez-vous que l'un, l'autre ou les deux auraient pu changer ?
6. Quels sont les avantages de l'union libre ? Quels sont ceux du mariage ?

Les Annonces de mariage

Certains journaux publient des petites annonces : offres et demandes d'emploi, de logement et, même, d'époux. Nous vous proposons ici une petite sélection d'annonces en vue d'un mariage. Ces annonces sont classées par groupes d'âge, les femmes d'abord, les hommes ensuite et ont été publiées dans le Chasseur français.

Rédaction des annonces : Nous n'acceptons que les annonces dans lesquelles l'intention matrimoniale est clairement exprimée et écartons toutes celles qui ne nous paraissent pas présenter une moralité et une loyauté absolues. Les annonces de mariage ne doivent, en aucun cas, solliciter l'envoi d'une photographie.

PROPOSITIONS DE MARIAGE

DAMES MOINS DE 30 ANS

— Médecin, 26 ans, 1m78, bien physiquement, franche, simple, dynamique, optimiste, correspondrait vue mariage médecin chirurgien, trentaine, qualités correspondantes, région midi.
— 29 ans, célibataire, jolie, brune, catholique pratiquante, recherche doux chef de cuisine diplômé, grand, brun, distingué, sobre, catholique pratiquant, tendre, prévenant, fortuné pour unir nos deux cœurs dans charmante auberge. Pas conforme s'abstenir.[1]

DAMES DE 30 A 50 ANS

— Célibataire, 30, petite, mince, mignonne, jumeaux six mois, professeur, épouserait monsieur trentaine, intelligence du cœur, toutes régions. Répondra.
— 45 ans, commerçante, 1m67, très jeune de caractère, aimant vie de famille, bien physiquement et moralement, sensible, rencontrerait monsieur sérieux, intelligent, cultivé, environ 50 ans, situation commerçant ou libérale en rapport, enfants acceptés.

---

[1] **Pas conforme s'abstenir :** Si vous n'êtes pas totalement conforme à la description proposée, abstenez-vous de répondre.

— Jeune femme, 42 ans, agricultrice, sans enfants, distinguée, sentimentale, haute moralité, idéal élevé, aimant beaucoup la campagne,
les animaux, rencontrerait veuf, 40–50 ans, sérieux, loyal, distingué,
ayant propriété d'élevage, pas sérieux s'abstenir.

DAMES PLUS DE 50 ANS

— Veuve général, 64 ans, épouserait affectueux bridgeur, vivre midi.
— Paris — Jeune femme cinquantaine, distinguée, bien physiquement, milieu haut fonctionnaire, espérances, excellente éducation,
valeurs morales, richesse de cœur, généreuse, compréhensive, bon
caractère, sentimentale, femme d'intérieur, goûts simples, aimant
arts, voyages, divorcée irréprochable, désire profondément fonder
mariage harmonieux sérieux, foyer uni, homme valeur, 57–65, distingué, sympathique, qualités de cœur, morales, affectueux, sans
enfant, industriel, directeur société, ingénieur grandes écoles, cadre,
cadre supérieur, autres fonctions supérieures. Excellente situation,
lettre détaillée. Paris et banlieue parisienne. Discrétion d'honneur.

HOMMES MOINS DE 30 ANS

— Célibataire, 27 ans, 1m77, idéaliste, souhaiterait compagne sentimentale, cultivée, romantique, équilibrée.
— Fonctionnaire célibataire, 27 ans, 1m65, licencié en droit, affectueux, sincère, sérieux, désirerait rencontrer jeune fille 22–32 ans,
très coquette et féminine, affectueuse, sentimentale, gentille, pour
former couple harmonieux.

HOMMES DE 30 A 50 ANS

— Ingénieur, célibataire, 32 ans, 1m70, beau physique, distingué,
affectueux, aimant voile, tennis, ski, voyages, épouserait jeune fille,
28 ans maximum, féminine, affectueuse, caractère agréable, réellement jolie.
— Célibataire 42 ans, paraissant 35, 1m68, bien physiquement,
sportif, sobre, moralité, sentimental, secrétaire commerce, situation
matérielle assurée, rencontrerait vue mariage jeune femme célibataire, 30–38 ans, simple, affectueuse, loyale, qualités cœur, aimant
enfants. Affinités. Discrétion.
— Veuf sans enfants, 47 ans, affectueux, propriétaire-exploitant
fruits, épouserait veuve ou autre, enfants acceptés.
— 50 ans, veuf, 1 enfant, allure jeune, dynamique, gai, spirituel,
possédant deux commerces et deux maisons, cherche femme seule
entre 30 et 50 ans, bien physiquement, très commerçante, cou-
rageuse, gaie, intelligente, situation sans importance, pour le seconder dans affaires.

—Je l'ai trouvé par les petites annonces, bêtement,
en cherchant autre chose.

— 1m82, silhouette sportive, physique agréable, cadre supérieur, bon milieu, épouserait dame 38–45, plantureuse, type Rubens, pour vie qualité.

HOMMES PLUS DE 50 ANS

— Officier, cinquantaine, 1m71, présentation, éducation, santé, affectueux, compréhensif, non-conformiste, rencontrerait jeune femme libre, sincère, affectueuse, sans complexes, désirant union stable, amour, sécurité, situation indifférente, enfants bienvenus.
— 64 ans, célibataire, retraité, bonne santé, encore présentable, entièrement libre, recherche compagne de qualité pour construire ensemble ce qui reste de vie, célibataire ou veuve sans attaches, catholique sans sectarisme.
— Retraité 70 ans, valide, sobre, non fumeur, voiture, voyage, nature, avoir, cherche compagne agréable 60–68, santé, pour fin de vie heureuse.
— 70 ans amputé pied droit, cherche dame âge rapport, jardin, maison campagne, accepte handicap.

Extrait du *Chasseur français*, septembre 1974

à votre avis...

1. Commentez la manière dont les femmes se décrivent, puis les hommes. Les qualités demandées sont-elles les mêmes pour les deux sexes ?
2. Pensez-vous que de tels mariages puissent être des succès ? Et les mariages par ordinateur ?
3. Pourquoi certaines personnes écrivent-elles à un journal pour trouver un époux plutôt que de le chercher autour d'elles ?
4. Trouvez-vous que les différentes personnes qui écrivent ont des caractéristiques communes ? De grosses différences ?
5. Composez des annonces et des réponses aux annonces pour ce journal.
6. Le mariage entre vieux est-il ridicule ? Que cherchent les « plus de 50 ans » ?

JEANNE DELAIS

Quand vos enfants parlent...

La femme interrogée ici est professeur de Français dans un lycée parisien. Elle parle principalement des enfants de 10 à 12 ans qu'elle a dans ses classes et qu'elle observe avec beaucoup d'intérêt. Elle nous explique en quoi ils sont différents des générations précédentes.

L'Express : Est-ce qu'ils se projettent dans l'avenir ?

J. Delais : Le métier qu'ils feront plus tard ne les préoccupe guère. Ils sont, à vrai dire, encore un peu jeunes. Mais en revanche, ils se montrent fort capables d'énumérer tout ce qui les décourage. Voyez cette rédaction collective sur ce qui les inquiète dans le monde d'aujourd'hui. Réponses dans l'ordre : la pollution, la faim dans le monde, la guerre, le progrès scientifique. Que voudraient-ils voir changer ? L'augmentation des prix ; l'architecture des villes ; la circulation automobile ; les programmes de télévision. C'est clair : toutes les menaces sur le monde de demain qu'on ne cesse d'évoquer devant eux.[...]

A partir de la cinquième — et cela aucun sondage ne peut le déceler — les trois quarts des enfants ont passé leurs vacances loin de leurs parents : chez une grand-mère, une tante, ou en colonie. Le couple, le besoin de détente passent avant les enfants. Beaucoup ont alors le sentiment d'être rejetés, en particulier les enfants de divorcés — et ceux dont les mères, célibataires par choix, ont décidé de les priver de père.

Plus tard, ils insisteront pour partir avec leurs copains, mais en cinquième, ils voudraient encore partager les vacances de leurs parents. Que leurs parents[1] leur refusent cette joie, et ils se comportent en orphelins de parents vivants, prennent l'habitude de retrouver des adolescents de leur âge.[...]

L'Express : Comment jugent-ils leurs mères qui travaillent ?

J. Delais : Ils comprennent très bien que leurs mères soient obligées de travailler. Toutes les filles sont décidées à exercer une profession plus tard. Mais garçons et filles condamnent celles qui fuient la

[1] **Que leurs parents** : Si leurs parents.

12

maison pour avoir une vie extérieure plus distrayante que l'éducation de leurs enfants.[...]

Leur rêve, c'est le système américain : un lycée moderne où ils
pourraient revenir l'après-midi, mais en toute liberté, pour faire ce
qu'ils veulent, aller à la bibliothèque, jouer à la marelle, « asticoter
les camarades », comme dit une de mes élèves, travailler à leur guise
dans des ateliers, inventer des pièces de théâtre, suivre des séances
de yoga, réinventer en eux, comme je le leur ai appris, le silence.[...]
L'Express : Et leur attitude face à la sexualité ?
J. Delais : Les enfants sont choqués par la sexomanie des adultes.
Certains en sont même nettement plus traumatisés que ceux de jadis
par les interdits de la morale puritaine. Ils ne voient que « ça »
autour d'eux, sur les murs, dans les journaux, sur les affiches de
cinéma. Ils ne comprennent pas pourquoi, pour vendre une machine
à laver, il faut présenter une femme nue à côté.

C'est l'âge de la formation. Elle se passe bien, en général. Les
filles sont à l'aise dans leur féminité. Il leur plaît de penser qu'elles

porteront un enfant — privilège que leur envient les garçons ! Garçons et filles sont prêts pour recevoir une éducation sexuelle saine. Mais ils ne comprennent pas ce qui préoccupe et obsède les adultes. [...]

L'Express : On comprend très bien comment ces enfants jugent les adultes — et ils ne sont pas indulgents — mais on aimerait bien savoir comment ils se voient, eux ?

J. Delais : L'enfant, c'est Narcisse.[2] Leur premier mouvement est d'être satisfait de leur apparence physique. Les critiques les inquiètent. Il est dur d'accepter la vérité des autres. Puis, ils se rassurent ; ils sont jeunes. Ils n'ont pas de rides. Pas d'embonpoint. Pas de chevelure rare. Donc, tout va bien. Les adultes ridés, vieillis avant trente ans, les envient. Mais leur mère n'a pas de rides s'ils l'aiment.

Sur le plan moral, ils se trouvent presque tous généreux. Altruiste est un mot qui leur plaît beaucoup. Ils veulent bien être égocentriques, mais pas égoïstes. On constate, et c'est nouveau, que les jeunes aiment parler des qualités de leurs défauts, et qu'ils concluent que l'homme doit s'accepter tel qu'il est, c'est-à-dire imparfait.[...]

Extrait de l'*Express*, 23–29 décembre 1974

à votre avis...

1. Qu'est-ce qui inquiète les enfants ? Ont-ils raison de se faire du souci ?
2. Qu'est-ce que vous aimiez faire à cet âge pendant les vacances ?
3. Quelle est l'opinion des Français sur le système américain ? Ont-ils raison ?
4. Que pensez-vous de l'attitude de ces enfants envers la sexualité ?
5. A 10–12 ans est-ce que vous étiez semblable à ces enfants ?
6. Décrivez la période de votre enfance que vous avez préférée ou dont vous vous souvenez le mieux.
7. Pensez-vous que Jeanne Delais comprenne ses élèves ?

[2] **Narcisse** : Personnage de la mythologie grecque, fasciné par sa propre image.

Parents, avez-vous démissionné ?

Beaucoup de parents n'osent plus utiliser les méthodes de discipline de leurs parents. Ce questionnaire a été écrit pour les parents, pour juger l'évolution des principes éducatifs.

Sujets privilégiés des analystes et des statisticiens, les adolescents ne sont plus des inconnus. On les examine, on les interroge, ils parlent. Ils parlent même de plus en plus. Tout cela est très bien. Pourtant, il nous a semblé qu'il était temps de donner la parole à ceux qui sont juridiquement, légalement et financièrement responsables de ces jeunes : les parents. Nous avons demandé à la SOFRES[1] de placer 500 parents d'enfants de treize à dix-huit ans représentant l'ensemble des couples français devant huit situations exemplaires, provoquées par leur fille ou leur fils. Pour chaque situation, il était proposé un éventail de réponses.[...]

Face à une situation donnée, comment réagiriez-vous ? Seriez-vous des parents démissionnaires ? Comment vos enfants imaginent-ils que vous réagiriez ?

Question : Et si votre fille vous annonçait un jour qu'elle est enceinte, laquelle de ces trois phrases serait la plus proche de votre réponse ?
— On élèvera l'enfant
— On va te marier
— On va trouver un moyen de te faire avorter

Et si votre fils, ou l'un de vos fils, vous annonçait un jour que sa petite amie est enceinte ?
— Il faut te marier avec elle
— Il faudra reconnaître l'enfant
— Il faut la faire avorter

Et si l'un de vos enfants (fils ou fille) vous disait un jour : « Je ne vois pas pourquoi on ne serait pas librement homosexuel ou lesbienne » ?

[1] **SOFRES** : Société française d'enquêtes et de sondages.

— Tais-toi

— Allons jusqu'au bout de cette idée et voyons ce que ça donnerait

— Pourquoi pas ? Mais j'espère bien que ce n'est pas ton cas

Et si votre fils, ou l'un de vos fils, vous disait un jour : « Ce soir, j'amène ma petite amie dans ma chambre » ?

— La maison n'est pas un hôtel

— Quand tu pourras te payer un studio, tu feras tout ce que tu voudras

— D'accord, mais pourquoi ne l'inviterais-tu pas à dîner avant à la maison ?

— D'accord, mais fais-le discrètement

Si votre fille, ou l'une de vos filles, vous disait un jour : « Je pars en week-end avec un copain » ?

— Non, il n'en est pas question

— Je veux connaître le garçon avant

— Pas avant que tu aies dix-huit ans

— Oui, mais à condition d'être prévenu quelques jours à l'avance

Et si l'un de vos enfants (fils ou fille) vous disait un jour : « Je vais à une manif » ?

— Vas-y si ça correspond vraiment à ce que tu crois

— Non, il n'en est pas question

— Non, il me semble que tu as autre chose à faire

— Vas-y si tu veux, mais tâche de ne pas te faire prendre

Et si votre fils, ou l'un de vos fils, vous disait un jour : « Je voudrais une moto » ?

— Il n'en est pas question

— Pas avant que tu aies dix-huit ans

— D'accord si tu te la paies

— Peut-être mais on ne peut pas te l'offrir en ce moment

Et si l'un de vos enfants (fils ou fille) vous disait un jour : « Cet été, je pars en vacances en Indes » ?

— D'accord mais à condition que tu partes en groupe

— Non, il n'en est pas question

— Pas avant que tu aies dix-huit ans

— D'accord si tu te paies le voyage

Extrait de *Elle*, 23 juillet 1973

à votre avis...

1. Répondez à ce questionnaire comme vous pensez que vos parents y répondraient.
2. Répondez à ce questionnaire comme vous pensez que vous réagirez vis-à-vis de vos enfants.
3. Les réponses les plus libérales sont-elles toujours les meilleures pour les enfants ?
4. Y a-t-il des cas plus graves que d'autres entre parents et enfants ? Par exemple ?
5. Quelle liberté vos parents vous donnent-ils ? Depuis quand ?
6. Racontez votre dernière confrontation grave avec vos parents.
7. Une partie de la classe joue le rôle d'un garçon ou d'une fille qui veut partir en vacances avec des copains, l'autre partie représente les parents qui refusent de donner leur autorisation.

MARCELLE SEGAL

Les Célibataires

*On peut trouver dans notre civilisation, et particulière-
ment aux Etats-Unis, une séparation de plus en plus
grande entre les divers groupes de la population. On
construit des résidences pour célibataires, des campus
pour les jeunes, des maisons de retraite pour les vieux, et
dans certains immeubles, les appartements sont interdits
aux animaux et aux enfants !*

Les jeunes aiment l'agitation, le bruit. Les vieux ne les supportent
pas. Ils adorent les enfants mais n'adorent pas leurs cris, les portes
qui claquent, les galopades dans les couloirs, les bagarres.

Un père de famille qui se lève tôt pour aller travailler tient à ce
qu'on le laisse dormir après dix heures du soir. Une mère de famille
n'admet pas que l'on trouble le sommeil de ses enfants. Le célibataire, lui, veut qu'on lui fiche la paix. Faire vivre côte à côte — ou
empilés — les couche-tôt, les couche-tard, les adolescents, les vieill-
ards, c'est le bon moyen de les mécontenter tous. C'est provoquer la
guérilla. Il faut trouver une autre solution. Ni promiscuité ni ségrégation. Est-ce possible ?

Sans aucun doute. On peut vivre à proximité sans vivre ensemble. Assez près pour pouvoir facilement se rencontrer, assez loin
pour n'être pas dérangé et ne déranger personne. Au lieu de ces
ghettos — retraités par-ci, célibataires par-là, familles nombreuses
ailleurs — ne pourrait-on concevoir des groupes de petits immeubles abritant l'un, des familles, l'autre, des retraités, le troisième des célibataires ?

Les enfants auraient leur terrain de jeux sous les fenêtres de
leurs parents. Les anciens, leur jardin du côté opposé de leur immeuble, loin des cris d'enfants, mais assez proche, pourtant, pour
qu'ils puissent, s'ils en ont envie, s'asseoir sur un banc et contempler
leurs jeux, et les surveiller au besoin. Quant aux célibataires, ils
seraient chez eux. Libres comme l'air, à quelques pas de la piscine et
du terrain de sports.

Ce mode de vie serait plus humain que notre système actuel qui
démantèle les familles, prive les petits-enfants de leurs grands-
parents, et les jeunes ménages de l'aide de leurs parents, et parque

les célibataires dans des réserves comme des fauves ! Cette ségrégation n'est pas seulement absurde et malfaisante. Elle nous coûte très
cher. A coups de milliards les pouvoirs publics organisent, tant bien
que mal, une assistance que la plupart des familles se donneraient
gratuitement et de bon cœur, si elles ne vivaient pas séparées. A
grands frais, la société multiplie les crèches, les garderies, les soins
à domicile, les clubs de retraités. C'est devenu nécessaire. Pourtant
combien de vieux s'ennuient loin de leurs enfants et de leurs petits-
enfants.

« Si nous étions près d'eux, nous pourrions voir les petits, les
conduire au square, aller les chercher à l'école, les garder en attendant le retour des parents. Je peux encore rendre bien des petits
services, faire un point, préparer le souper. Mon mari est encore
valide. Il peut se charger des courses. Et les tout-petits, croyez-vous
qu'ils ne seraient pas mieux chez nous qu'à la crèche ? Nous serions
si heureux ! Et ça ne coûterait rien. Et plus tard, quand nous serons
plus vieux, si nos enfants vivaient près de nous, ils pourraient passer
chaque jour, faire nos courses, nous donner un coup de main. Ils
pourraient nous soigner, appeler le médecin, s'occuper des médicaments, des paperasses. En famille, quand on s'entend bien, cela ce
fait tout naturellement, mais lorsqu'on vit séparés, loin les uns des

autres, c'est l'Etat qui nous prend en charge. Cela coûte très cher et la meilleure assistante sociale ne peut pas remplacer la tendresse d'une fille dévouée, d'un grand-fils, d'un petit-enfant. D'une mémé... » [...]

Extrait de *Elle*, 10 décembre 1973

à votre avis...

1. Avoir dans une même maison les grands-parents, les parents et les enfants. Quels sont les avantages de cette situation ?
2. Pourquoi pensez-vous que cette situation existe de plus en plus rarement ? Quels sont les problèmes matériels et psychologiques qui se posent ?
3. Pourquoi les résidences pour célibataires refusent-elles du monde ?
4. Quel type de relations avez-vous avec vos grands-parents ?
5. Aimez-vous parler avec des gens qui n'ont ni votre âge ni vos problèmes ? Qu'est-ce que de telles conversations peuvent vous apporter ?
6. Aimeriez-vous vivre marié dans une grande maison avec vos parents, ou d'autres membres de votre famille ? Quels seraient les avantages et les inconvénients de cette situation ?

Les Hommes au banc d'essai

L'Express *pose ici quelques questions aux hommes, pour savoir dans quelle mesure ils acceptent les changements... chez les femmes et donc chez eux aussi.*

Les hommes ont changé. Vous le constatez chaque jour. Fini le temps de l'époux ou du père de famille seigneur et maître. L'évolution des mœurs a, heureusement, modifié le comportement masculin. Qu'il s'agisse de la condition de la femme, de la vie familiale, sociale, professionnelle. Les lecteurs de l'Express prendront connaissance de ces petits « scénarios » préparés à leur intention. Et ils s'apercevront qu'ils n'ont plus aucun préjugé. A moins que...

Vous rentrez chez vous. Votre femme vous explique qu'elle a eu une journée difficile. Elle propose : « Si on allait au cinéma avec les X ? J'ai envie de me changer les idées. » Vous êtes fatigué, et vous suggérez : « Un autre soir. » Elle vous dit alors : « Je comprends très bien. Repose-toi. J'irai sans toi... »
— Vous dites : « Amuse-toi bien ! »
— Vous dites : « Jamais ma mère n'aurait fait ça ! »
— Ou vous faites la tête ? [...]

Votre femme s'était arrêté de travailler à la naissance du second de vos deux enfants (ils ont aujourd'hui, respectivement, sept et neuf ans). Pas de problème aigu d'argent : vous gagnez confortablement votre vie. Elle vous annonce, pourtant, qu'elle a décidé de chercher, à nouveau, un emploi « parce qu'elle n'en peut plus d'être enfermée chez elle... »
— Vous acquiescez ?
— Vous vous y opposez ?
— Ou vous boudez ?

Votre fils, dix-neuf ans, invite sa « copine » à dîner chez vous. C'est la première fois. Vous la trouvez tout de suite sympathique, intelligente. A la fin du repas, la conversation va bon train. Votre fils se lève et, comme d'habitude, aide sa mère à desservir la table. La jeune fille

lui dit simplement : « Je te laisse faire », et continue la conversa-
tion...
— Vous la trouvez de mieux en mieux ?
— Vous la trouvez moins bien ?
— Ou vous pensez : le pauvre garçon, qu'est-ce qu'il se prépare !

Votre femme vous annonce : « Mon patron m'a proposé, aujourd'hui,
de suivre un stage de perfectionnement en anglais. Quinze jours à
Londres, tous frais payés. Evidemment, il y a les enfants. Tu t'en
occupes pendant mon absence ? »
— Vous dites : « Bien sûr ! »
— Vous dites : « Tu te fiches de moi ? »
— Ou vous acceptez en rechignant ?

Votre fils vient de se marier. Il a encore deux ans d'études à faire ;
sa femme, elle, travaille. Il pensait chercher « un petit job d'appoint » en attendant de décrocher son diplôme. Elle affirme, comptes
à l'appui, que ce n'est pas nécessaire : « Nous pouvons très bien
vivre avec mon seul salaire... »
— Vous approuvez naturellement ?
— Vous désapprouvez ?
— Est-ce que cela vous vexerait par hasard ? [...]

                            Extrait de l'Express, 15 juillet 1974

à votre avis...

1. Ces « scénarios » vous paraissent-ils révélateurs de changements
   importants ? Lesquels ? Sinon, pourquoi pas ?
2. Est-ce que la vie conjugale et la maternité s'opposent au bonheur et à
   l'autonomie d'une femme ?
3. Comment les choses se passent-elles avec vos parents ?
4. Avez-vous découvert des signes de « sexisme » chez vos camarades ou
   votre petit ami ?
5. Quelles autres situations pourrait-on ajouter à celles proposées par
   l'Express ?

l'éducation

vocabulaire
DE L'EDUCATION

Le lieu

la scolarisation
l'école maternelle (de 2 à 5 ans)
la garderie *nursery*
l'école primaire (de 6 à 11 ans)
le C.E.S. (collège d'enseignement secondaire, de 11 à 14 ans)
le C.E.T. (collège d'enseignement technique, de 14 à 17 ans)
Le lycée (de 11 à 18 ans ou de 15 à 18 ans) = le secondaire[1]
    (Le lycée commence à 11 ans quand il n'y a pas de C.E.S. dans
    la région.)
l'université = le supérieur
    (Lorsqu'on fait des études à l'université, on *est étudiant*. « Aller
    à l'université » signifie aller physiquement dans les bâtiments
    de l'université.)

L'enseignant

l'instituteur, l'institutrice = le maître, la maîtresse dans le primaire
le professeur dans le secondaire et le supérieur
le directeur, la directrice d'une école (maternelle ou primaire)
le proviseur, la directrice d'un lycée
l'inspecteur, l'inspectrice représente le ministère de l'éducation

La classe

la classe = la salle de classe
aller en classe, aller au cours, avoir cours (Il faut que je parte, j'ai
    cours.)
le bureau du professeur ou du directeur
les bâtiments de l'université :
    les salles
    la résidence ou le pavillon (J'habite à la résidence X.)
    la bibliothèque (pour utiliser des livres)
    la librairie (pour acheter des livres)
    le restaurant universitaire, la cafétéria (dans les écoles : la
       cantine)
    le gymnase et les terrains de sports
    la poste (Je vais à la poste voir si j'ai du courrier.)
aller en récréation dans la cour

---

[1] Le lycée est un établissement spécifiquement français : « high school » se traduit
logiquement par « école secondaire ».

Ceux qui étudient

la classe = le groupe d'élèves ou d'étudiants qui suivent le cours
un élève (à l'école primaire ou au lycée)
un étudiant (à l'université)
fort ≠ faible (en maths, par exemple)
écouter, faire attention, prendre des notes ≠ rêver, rêvasser (*fam.*)
travailleur, sérieux ≠ paresseux, fainéant
un bûcheur (*fam.*) ≠ un fumiste (*fam.*)

Le travail

to paint   to draw to cut out   to glue

A l'école maternelle, on peut peindre, dessiner, découper, coller,
    jouer.

Un élève { apprend, sait, récite une leçon.
fait un devoir (travail écrit).
fait ses devoirs (travail à la maison).

Un étudiant
ou
un élève
{ assiste à un cours ≠ sèche un cours (*fam.*)
prépare un exposé.
rédige une dissertation.
passe un examen.[2]
échoue ≠ réussit à un examen.

Selon la note qu'on obtient à l'examen, on *est reçu* ou collé (*fam.*).

On est étudiant
{ en lettres (l'art, la musique, la littérature, les
langues étrangères, l'histoire, la philosophie).
en sciences humaines (l'ethnologie, la sociologie,
les sciences politiques, les sciences économiques, la psychologie).
en sciences (la biologie, la chimie, la géologie,
la physique, la zoologie).

On fait aussi des études de médecine, de droit.

Un professeur
{ enseigne une matière (le français, etc.).
apprend qqch aux étudiants. (Il leur apprend aussi
à faire qqch.)[3]
donne des cours.
dirige des travaux, des travaux pratiques.

Dans un cours le professeur explique, c'est surtout lui qui parle.
Dans les travaux dirigés, les étudiants présentent les résultats de
    leurs recherches, que le professeur commente.
Dans les travaux pratiques, les étudiants font des expériences di-
    rectes, en laboratoire.

---

[2] Passer un examen = se présenter à l'examen, être présent à l'examen. Si l'examen
est bon, on est reçu.

[3] On ne peut pas dire « enseigner des élèves » ; il faut dire : « Le professeur
enseigne la grammaire aux élèves ».

exercices

SUR LE VOCABULAIRE DE L'EDUCATION

I Mettez le mot qui convient.

1. A l'école primaire, ... enseigne toutes les matières, alors qu'au lycée, les ... sont spécialisés.
2. Certains étudiants habitent dans des ..., d'autres préfèrent avoir un appartement seul ou avec des amis ; mais la plupart d'entre eux mangent ...
3. On va à la ... pour consulter les livres qu'on ne possède pas, mais pour en acheter, il faut aller à la ...
4. Je suis arrivé en retard au ... de maths, et la porte de la ... était déjà fermée.
5. Alain est un élève ... qui a de bonnes notes, mais Jean-Pierre est un paresseux, c'est un vrai ...
6. A l'école maternelle, la maîtresse apprend aux enfants à ... et à ...
7. Le ... de notre ... est excellent : il comprend les problèmes des élèves et des professeurs.
8. Il faut ... la leçon, parce que le professeur nous la fera ... en classe.
9. Ce pauvre Paul a ... son baccalauréat mais il n'a pas été ...
10. A l'université, je serai étudiant en ... et en ...

II Finissez les phrases suivantes.

1. Georges n'a pas travaillé pour cet examen...
2. Si je séchais un cours d'anglais...
3. Pendant les travaux dirigés, le professeur...
4. Marie-Hélène connaît vaguement le poème, mais...
5. Quand tu seras étudiant...

III Répondez aux questions suivantes par des phrases complètes.

1. Quelle est la différence entre un instituteur et un professeur ?
2. Où déjeunent les enfants ?
3. Que fait un élève dans une école secondaire ?
4. A quelles occasions n'avez-vous pas cours ?
5. Que pensez-vous étudier quand vous serez plus vieux ?

IV Faites des phrases logiques utilisant les éléments suivants.

1. élève, réciter, leçon, inspecteur
2. étudiants, examen, passer, échouer
3. école, élèves, rêvasser

4. bûcheur, prendre des notes, aller au cours
5. professeur, apprendre, étudiants, rédiger, dissertation

V Racontez la journée typique du bon étudiant, puis celle du fumiste.

On pourra faire ce travail collectivement : **chaque** étudiant contribuera une phrase ou un épisode.

Les Maternelles de Dijon

La France est un des rares pays où le système scolaire public et gratuit commence dès l'âge de 2 ans. Depuis 1881, la scolarité est obligatoire à partir de 6 ans, et de 2 à 5 ans, les enfants vont à l'école maternelle. Les horaires sont les mêmes que ceux de l'école primaire : 8h30-11h30, 13h30-16h30, avec la possibilité de rester déjeuner à l'école et à la garderie jusqu'à 18h30.

Dès 6h45, à Dijon, le père et la mère qui travaillent peuvent déposer leur enfant à l'école et l'y laisser jusqu'à 19h30. Neuf maternelles ont, dans leurs locaux, une garderie qui fonctionne en dehors des heures de classe. A la demande des jeunes parents, les sept premières ont été créées par la municipalité, il y a deux ans, puis deux autres l'an dernier. Trois nouvelles ouvriront leurs portes dès l'aube, le 16 septembre. Un total de 400 à 450 enfants de deux ans et demi à six ans pourra être accueilli.

Il ne s'agit pas seulement de rendre service aux parents « hors cadre », mais également de recréer pour les enfants le climat de la famille. Ils fabriquent des gâteaux, écoutent des histoires, aident à faire la vaisselle ou vont par petits groupes au marché ou dans les magasins. Pendant les heures de garderie, tout ce qui peut rappeler l'univers scolaire est évité. Les parents sont très satisfaits de cette formule, moins fatigante pour les enfants qu'une gardienne à l'extérieur de l'école.[...]

Extrait de l'Express, 2 septembre 1974

à votre avis...

1. Est-il bon d'envoyer un enfant à l'école à deux ans ?
2. Que pensez-vous des parents qui laissent leurs enfants à l'école de 7h à 20h tous les jours ?
3. L'organisation de cette garderie de Dijon est-elle satisfaisante ?
4. Que fait-on à l'école maternelle ? Que devrait-on y faire ?
5. Racontez vos souvenirs d'école maternelle ou vos souvenirs de cette période de 2 à 5 ans.

SEMPE-GOSCINNY

On a eu l'inspecteur [1]

La scène suivante se passe dans une école primaire. La maîtresse prépare sa classe de petits garçons à la visite de l'inspecteur qui vient observer et juger le travail de la maîtresse. Pendant toute la visite, les catastrophes vont se succéder.
Remarquez qu'il n'y a plus de nos jours dans les écoles ni encre, ni encriers, ni bancs. C'est un texte qui s'adresse aux souvenirs scolaires d'un public adulte.

La maîtresse est entrée en classe toute nerveuse. « M. l'Inspecteur est dans l'école, elle nous a dit, je compte sur vous pour être sages et faire bonne impression. » Nous on a promis[2] qu'on se tiendrait bien, d'ailleurs, la maîtresse a tort de s'inquiéter, nous sommes presque toujours sages. « Je vous signale, a dit la maîtresse, que c'est un nouvel inspecteur, l'ancien était déjà habitué à vous, mais il a pris sa retraite... » Et puis, la maîtresse nous a fait des tas et des tas de recommandations, elle nous a défendu de parler sans être interrogés, de rire sans sa permission, elle nous a demandé de ne pas laisser tomber des billes comme la dernière fois que l'inspecteur est venu et qu'il s'est retrouvé par terre, elle a demandé à Alceste de cesser de manger quand l'inspecteur serait là et elle a dit à Clotaire, qui est le dernier de la classe, de ne pas se faire remarquer. Quelquefois je me demande si la maîtresse ne nous prend pas pour des guignols. Mais, comme on l'aime bien, la maîtresse, on lui a promis tout ce qu'elle a voulu. La maîtresse a regardé pour voir si la classe et nous nous étions bien propres, et elle a dit que la classe était plus propre que certains d'entre nous. Et puis, elle a demandé à Agnan, qui est le premier de la classe et le chouchou, de mettre de l'encre dans les encriers, au cas où l'inspecteur voudrait nous faire faire une dictée. Agnan a pris la grande bouteille d'encre, et il allait commencer à verser dans les encriers du premier banc, là où sont assis Cyrille et Joachim, quand quelqu'un a crié : « Voilà l'inspecteur ! » Agnan a eu tellement peur qu'il a renversé l'encre partout sur le banc. C'était une blague, l'inspecteur n'était pas là et la maîtresse était très fâchée.[...]

---

[1] Ce titre a été ajouté par les éditeurs.
[2] **Nous on a promis :** Nous, nous avons promis. *On* remplace souvent *nous* dans la langue parlée.

[On essaie de faire disparaître ce banc au dernier rang, et naturellement l'inspecteur arrive au milieu du désordre.]

« Un petit incident... » elle a dit. L'inspecteur n'avait pas l'air
très content, il avait de gros sourcils, tout près des yeux. « Il faut
avoir un peu d'autorité, il a dit. Allons, mes enfants, mettez ce banc
à sa place. » On s'est tous levés et l'inspecteur s'est mis à crier : « Pas
tous à la fois : vous deux seulement ! » Cyrille et Joachim ont re-
tourné le banc et se sont assis. L'inspecteur a fait un sourire et il a
appuyé ses mains sur le banc. « Bien, il a dit, que faisiez-vous, avant
que je n'arrive ? » « On changeait le banc de place » a répondu
Cyrille. « Ne parlons plus de ce banc ! a crié l'inspecteur, qui avait
l'air d'être nerveux. Et d'abord, pourquoi changiez-vous ce banc de
place ? » « A cause de l'encre » a dit Joachim. « L'encre ? » a demandé l'inspecteur et il a regardé ses mains qui étaient toutes
bleues. L'inspecteur a fait un gros soupir et il a essuyé ses doigts
avec un mouchoir.

« Nous étions en train d'étudier des fables, a dit la maîtresse,
Le Corbeau et le Renard. »[3] « Parfait, parfait, a dit l'inspecteur, eh
bien, continuez. » La maîtresse a fait semblant de chercher au
hasard dans la classe, et puis, elle a montré Agnan du doigt : « Vous,
Agnan, récitez-nous la fable. » Mais l'inspecteur a levé la main.
« Vous permettez ? » il a dit à la maîtresse, et puis, il a montré
Clotaire. « Vous, là-bas dans le fond, récitez-moi cette fable. »
Clotaire a ouvert la bouche et il s'est mis à pleurer. « Mais qu'est-ce
qu'il a ? » a demandé l'inspecteur. La maîtresse a dit qu'il fallait
excuser Clotaire, qu'il était très timide, alors, c'est Rufus qui a été
interrogé. Rufus c'est un copain, et son papa, il est agent de police.
Rufus a dit qu'il ne connaissait pas la fable par cœur, mais qu'il
savait à peu près de quoi il s'agissait et il a commencé à expliquer
que c'était l'histoire d'un corbeau qui tenait dans son bec un roquefort. « Un roquefort ? » a demandé l'inspecteur, qui avait l'air de
plus en plus étonné. « Mais non, a dit Alceste, c'était un camembert. » « Pas du tout, a dit Rufus, le camembert, le corbeau il aurait
pas pu le tenir dans son bec, ça coule, et puis ça sent pas bon ! »
« Ça sent pas bon, mais c'est chouette à manger, a répondu Alceste.
Et puis, ça ne veut rien dire, le savon ça sent bon, mais c'est très
mauvais à manger, j'ai essayé, une fois. » « Bah ! a dit Rufus, tu es
bête et je vais dire à mon papa de donner des tas de contraventions à
ton papa ! » Et ils se sont battus.

Tout le monde était levé et criait, sauf Clotaire qui pleurait
toujours dans son coin et Agnan qui était allé au tableau et qui ré-

---

[3] *Le Corbeau et le Renard* est une fable de La Fontaine qui commence ainsi : « Maître
Corbeau sur un arbre perché, / Tenait en son bec un fromage... »

citait *Le Corbeau et le Renard*. La maîtresse, l'inspecteur et le directeur criaient « assez ! » On a tous bien rigolé.

Quand ça s'est arrêté et que tout le monde s'est assis, l'inspecteur a sorti son mouchoir et il s'est essuyé la figure, il s'est mis de l'encre partout et c'est dommage qu'on n'ait pas le droit de rire, parce qu'il faudra se retenir jusqu'à la récréation et ça ne va pas être facile.

L'inspecteur s'est approché de la maîtresse et il lui a serré la main. « Vous avez toute ma sympathie, Mademoiselle. Jamais, comme aujourd'hui, je ne me suis aperçu à quel point notre métier est un sacerdoce. Continuez ! Courage ! Bravo ! » Et il est parti très vite avec le directeur.[...]

Extrait du *Petit Nicolas*, Denoël, 1960

à votre avis...

1. Pourquoi Clotaire se met-il à pleurer ?
2. Qu'est-ce que l'inspecteur pense de la maîtresse au commencement de la visite ? A la fin ?
3. Qu'est-ce que l'inspecteur pense des enfants ? Les trouvez-vous particulièrement indisciplinés ?
4. La maîtresse et les enfants ont-ils de bonnes relations ? Est-il nécessaire que la maîtresse ou le professeur ait de l'autorité ?
5. Pour quel personnage avez-vous le plus de sympathie ? L'inspecteur ? Le directeur ? La maîtresse ? Agnan ? Rufus ? Alceste ? Clotaire ? Un autre élève ? Expliquez votre choix.
6. Que faut-il faire pour être un chouchou comme Agnan ?
7. Quel souvenir les différents participants vont-ils garder de cette scène ?
8. Quel est le rôle du directeur d'une école ? De l'inspecteur ?
9. Que pensez-vous d'un système où les professeurs sont inspectés ? Quel rôle les élèves ou les étudiants ont-ils à jouer dans l'évaluation d'un enseignant ?
10. Qu'est-ce qui fait un bon ou un mauvais professeur ? Et un bon ou un mauvais élève (étudiant) ?

La Grammaire des Féministes

La Ligue du droit des femmes est un mouvement de libération féministe. Dans ce texte, des militantes essaient de persuader des mères de famille qu'elles sont exploitées, en jouant de petites scènes imitées de situations scolaires. Elles se sont installées devant une école primaire pour attirer l'attention de toutes les mères venues accompagner leurs enfants.

8h30, lundi matin 16 septembre, devant l'école du 66 boulevard Saint-Marcel, Paris (13e) : des militantes de la Ligue du droit des femmes tiennent, accroupies sur le trottoir, une classe improvisée. L'une fait la maîtresse, les autres, en rond autour d'elle, jouent les élèves.

Premier sketch. Comment se forme le féminin ? La maîtresse : « Toujours à partir du masculin ; on lui ajoute un « E », quelquefois on double la dernière consonne. Exemple : un fermier, une fermière ; un chat, une chatte. » Une élève : « Et le masculin, comment le forme-t-on ? » La maîtresse : « Le masculin, il existe ! » L'élève : « Et le féminin n'existe pas, lui ? » La maîtresse légèrement agacée : « Il se forme sur le masculin. »

Deuxième sketch. La maîtresse : « Geneviève et Marie sont silencieuses. Geneviève, Marie et Elizabeth sont silencieuses. Geneviève, Marie, Elizabeth et Vicky sont silencieuses. Geneviève, Marie, Elizabeth, Vicky et Victor sont silencieux. Le masculin l'emporte toujours sur le féminin. » « Dans tous les cas ? » demande une élève militante. « Toujours », répond la maîtresse.

Les militantes de la Ligue du droit des femmes entendent, par cette démonstration, protester contre le « sexisme » dans les livres scolaires. Tous leurs sketches prennent appui sur des exemples pris dans des manuels les plus récents.

Une militante qui joue le rôle d'un garçon tente de semer le doute dans les esprits : « C'est papa qui prépare le dîner et c'est moi, Gérard, qui joue à la poupée. » Mais les jeunes élèves ne s'en laissent pas compter. « En général, c'est plutôt maman qui prépare le dîner. » « Dis donc, les garçons ne jouent pas souvent à la poupée. »

Les mères de famille, venues accompagner leur progéniture, assistent à la scène, mi-gênées, mi-amusées. Séduites ? « Moi, dit l'une d'elles, je suis anti-féministe. La femme qui veut vraiment percer, elle perce. C'est la volonté personnelle qui compte. Le féminisme c'est bien pour des femmes qui n'ont pas beaucoup d'initiative.

— Vous travaillez ?

— Mon mari est photographe-journaliste. Je l'aide dans ses travaux. »

Les quelques pères de famille présents sont-ils plus convaincus ? L'un d'eux, qui a soigneusement plié en quatre « pour le lire » le tract distribué par les féministes, n'est pas troublé par le fait que, dans les manuels scolaires, les petits garçons rêvent d'aventures endiablées et les petites filles de tricot : « Ce sont des images comme les autres, ce n'est pas grave. Il faut bien représenter quelque chose. »

Les militantes de la Ligue du droit des femmes ne s'étonnent pas de ces réactions : « On en est encore à la préhistoire. Mais peut-être va-t-on produire, grâce à ce genre d'action, un « déclic » chez les femmes. Et d'ici deux ou trois ans[1]... »

Extrait du *Monde,* 19 septembre 1974

à votre avis...

1. Que prouvent les deux premiers sketches ?
2. Y a-t-il à votre avis beaucoup de pères qui préparent le dîner et beaucoup de Gérard qui jouent à la poupée ?
3. Que pensez-vous de la femme qui est anti-féministe ?
4. Est-ce que la distinction entre les jouets, les livres, et les activités de filles et de garçons vous paraît justifiée ? Sinon, comment distinguez-vous une fille d'un garçon ?
5. En quoi ces sketches et commentaires sont-ils une bonne ou mauvaise méthode de propagande ?
6. Pouvez-vous donner des exemples du « sexisme » dans les livres scolaires ?
7. En quoi le français est-il plus sexiste que l'anglais ?
8. Imaginez et jouez un sketch féministe.

[1] **d'ici deux ou trois ans :** Dans deux ou trois ans.

CATHERINE CHAINE

L'Enseignement aux mains des femmes

Dans les écoles maternelles et primaires, et même dans les lycées, la grande majorité des enseignants sont des femmes. Les enfants de notre époque sont donc le plus souvent éduqués par leur mère et leur institutrice.

La nouvelle génération est-elle complètement élevée par les femmes ?[...] La profession se féminise, c'est vrai... et malheureusement, comme d'habitude, elle se féminise par le bas. Les hommes restent solidement accrochés aux postes supérieurs.[...]

« Dans l'enseignement, nous a dit le censeur-femme du lycée Balzac, les femmes sont les servantes. » C'est un peu vrai. Les causes d'une telle évolution ? On les connaît très bien. A qualification égale (et les examens sont d'un niveau très élevé), on gagne moins dans l'enseignement que dans d'autres métiers. En revanche, on a de longues vacances et des horaires qui permettent de concilier plus facilement vie familiale et vie professionnelle. D'où une certaine tentation de considérer l'enseignement comme un métier d'appoint féminin. Tentation aussi de trouver naturel que l'éducation des enfants soit confiée aux femmes surtout celle des plus jeunes.

A Paris, un instituteur de la rue Vitruve s'est même vu menacé de la commission des psychiatres parce qu'il demandait à enseigner dans une maternelle ! Enfin la mixité des écoles n'arrange rien : autrefois les écoles de garçons devaient en principe avoir des instituteurs. Aujourd'hui, on confie les classes mixtes aux femmes. Regardez la sortie d'une école primaire en ville : on y voit garçons et filles remis à leurs mères par des institutrices. Les écoliers sont-ils contents de trouver à l'école une seconde mère ? Pas toujours.

Dans une école du 20e arrondissement de Paris, les avis des élèves divergent, mais on note souvent une préférence pour les instituteurs, surtout chez les garçons : « avoir un maître » est ressenti comme une promotion. Le maître, objet de fierté pour les petits garçons, est aussi facteur d'équilibre dans le développement des enfants. Dans une école où les 9/10 du personnel est féminin, les élèves n'ont plus les réactions caractéristiques des garçons. Peu de bagarres dans la cour de récréation, mais un petit garçon qui pique le derrière de son voisin avec une épingle. Les conflits avec l'institutrice ou avec les autres enfants, s'expriment souvent d'une façon floue devant une femme. Ils éclatent rarement, mais avec d'autant plus de violence. Les saignements de nez, les accidents sont plus fréquents dans la cour de récréation de ces écoles-gynécées. Un garçon de huit ans avait arraché une partie du cuir chevelu d'un camarade. C'est un cercle vicieux, parce que certaines institutrices deviennent plus timorées, et répriment toute expression de l'agressivité. Leurs erreurs ne sont pas les mêmes que celles des hommes qui sont parfois tentés d'abuser de leur autorité. Elles risquent d'utiliser les armes qu'on leur a apprises, c'est-à-dire, un certain chantage affectif : « si j'étais ta maman », « ne me fais pas de peine, fais cette dictée », etc. Ce n'est pas non plus excellent.

De même qu'un enfant a besoin d'être élevé par sa mère et son père, un écolier devrait avoir à l'école des contacts avec des femmes et des hommes. Le problème de l'enfant actuel, on l'a dit et redit, est de garder un lien étroit avec un père qui travaille souvent loin et dont l'activité paraît mystérieuse. Les enfants qui ont une famille normale y arrivent tant bien que mal. Pour ceux qui ne voient pas leur père, la présence d'un maître peut combler cette lacune. Un enseignement trop féminisé peut devenir une catastrophe ; rue Vitruve, un enfant est arrivé en cours d'année, avec une ordonnance de l'hôpital, pour qu'il soit placé de toute urgence dans une classe avec un homme. Son état et ses résultats se sont très vite améliorés.

Ce cas est extrême, mais il y en a d'autres. Pierre, qui s'entend mal avec son père, aurait besoin d'admirer un autre homme, non de se réfugier dans un univers féminin.

Xavier, élevé par sa mère, sa grand-mère, sa sœur et... son institutrice, n'a comme présence masculine que la visite bi-hebdomadaire au boucher. Notons qu'il serait tout aussi mauvais, pour un enfant sans mère, d'être toujours avec un instituteur.

L'idéal, affirment les instituteurs, serait que chaque classe soit menée par un homme et une femme.

Est-ce vrai aussi pour les élèves du secondaire ? Ils ont un horizon plus large que leurs cadets, rencontrent plus facilement des hommes à l'occasion d'activités sportives, politiques ou de loisirs. Et pourtant une classe d'un C.E.S. de la banlieue parisienne avait un professeur homme pour huit femmes. Les élèves ont été agités et paresseux. L'année suivante, le personnel enseignant comprenait autant d'hommes que de femmes et les résultats furent bien meilleurs.

Les hommes seraient-ils meilleurs pédagogues ? Non. Pour les élèves qui préfèrent les professeurs masculins, la raison le plus souvent invoquée : leur autorité. Et pourtant, ce jugement n'est pas

toujours fondé sur l'expérience, mais sur une image traditionnelle de l'homme fort. Or, celui-ci enseigne de plus en plus rarement. La directrice d'un grand lycée parisien s'inquiète : « Ce métier est déserté par les gens actifs et ambitieux. C'est plutôt une profession refuge, qui permet de rester dans le monde scolaire. On y rencontre souvent des hommes fragiles qui n'ont pas beaucoup d'autorité. » Ne généralisons surtout pas. Un étudiant en première année de médecine se souvient d'excellents professeurs masculins à Balzac, « justement parce qu'ils le faisaient vraiment par amour du métier », et les instituteurs de la rue Vitruve sont vraiment des « mordus ». Mais s'il arrive que les femmes exercent ce métier « pour sortir de leur cuisine », les hommes le font parfois « parce qu'ils n'osent pas faire autre chose ». Il est révélateur que tous les jeunes camarades normaliens[1] ou agrégés de lettres[2] d'une jeune professeur de français se soient dirigés vers la politique ou l'administration, alors que ses amies l'ont suivie dans l'enseignement.

Extrait de *Elle*, 21 mai 1973

[1] **camarades normaliens :** Elèves d'une école nationale supérieure qui forme des enseignants et des chercheurs de très haut niveau.
[2] **agrégés de lettres :** Possesseurs du diplôme d'enseignement le plus élevé.

à votre avis...

1. Quels sont les avantages de la profession enseignante pour les femmes ?
2. Que pensez-vous d'un homme qui veut enseigner dans une école maternelle ?
3. Est-il plus intéressant d'enseigner à l'université qu'à l'école maternelle ou primaire ?
4. Avez-vous une préférence pour les professeurs hommes ou femmes ? Expliquez votre opinion.
5. Quels sont les professeurs dont vous vous souvenez le mieux ? Essayez de dire pourquoi.
6. Aimeriez-vous être professeur ? Pourquoi ?

FRANÇOISE TOURNIER

Il est drôlement bien ce proviseur!

Ce proviseur de lycée est bien jugé par les élèves de son établissement, ce qui est assez rare. Il expose ici ses principes éducatifs, la manière dont il traite les problèmes de discipline et ses relations avec les élèves.

Les élèves ne me connaissent pas, je ne les connais pas. Je suis le père castrateur, le représentant du patronat, le protal... Pourtant, quand le courant passe d'eux à moi, c'est fameux. L'année dernière, une classe d'espagnol m'invite à une paëlla.[1] Les élèves ont dû penser : « Quelle corvée, le proviseur !... La barbe. » Moi, j'avoue que j'aurais préféré dîner avec ma famille. Bref, je vais à la paëlla. On s'est découverts. Tout juste si on ne s'est pas séparé la larme à l'œil.[2] On avait fait connaissance. C'est tout. Quand j'étais prof de lettres, je disais : « Je veux être le moins prof possible. » Il m'en est resté quelque chose.

Les mœurs dans mon lycée mixte (la vie est mixte, pourquoi les lycées ne le seraient-ils pas ?) ça pose parfois des problèmes, c'est vrai. Il y a quelque temps, je traverse un couloir et je vois un gars et une fille en train de se caresser abondamment, de s'embrasser jusqu'à la glotte et l'épiglotte.[3] « Ah ! non mes petits enfants... Pas là... » La fille disparaît et j'emmène le type coupable d'amour au bureau du proviseur. Le mien. J'appelle Madame le censeur et je dis au garçon : « Tu n'es pas devant le proviseur et le censeur, mais devant un homme et une femme père et mère de famille. Si tu me rencontrais en train de caresser ma femme dans les couloirs, ça ne te ferait pas marrer ? » Il est parti ahuri de ne pas être puni.

A ce propos, je voudrais vous dire mon indignation. Il y a quelque temps, j'ai suivi à la télévision une émission à laquelle participaient des psychos, des socios, des tas de gens en logues.[4] L'un d'eux disait : « J'ai un garçon de 15 ans qui a des besoins sexuels,

---

[1] **une paëlla :** Plat espagnol fait avec du riz, du safran, du poisson, du poulet, etc.
[2] **Tout juste... à l'œil :** En partant, nous pleurions presque (d'émotion).
[3] **jusqu'à la glotte et l'épiglotte :** Très profondément.
[4] **en -logues :** Avec des titres comme psychologues, sociologues, etc.

je ne vois pas pourquoi il ne ferait pas l'amour. » J'ai bien regretté de ne pas être là. Et si le garçon voulait aussi s'offrir une chrysler, il la lui donnerait, son père ?

Je ne crois pas être une vieille barbe en affirmant qu'il ne faut pas satisfaire ses envies sans y réfléchir. Dire le contraire est la plus honteuse démagogie. Et je vous assure que ce n'est pas commode de lutter contre ça dans les lycées. Rien n'est plus sacré et c'est affolant. Au lieu de manger, on « bouffe ». Au lieu de s'aimer, on « baise ».[5] C'est moche ![...]

Aussi ça me fait bien rire de voir les parents s'étonner et hurler contre la politique au lycée. Moi aussi je suis contre. On doit préparer les enfants à la vie non à la bagarre. On doit servir les enfants et non se servir des enfants. Je ne veux pas ici de luttes de factions. La masse des élèves n'a pas de préoccupations politiques. Le petit noyau politisé est manœuvré par des adultes qui voudraient user du lycée comme d'un terrain de manœuvres. Je ne marche pas.[...]

Cependant, il faudrait bien arriver à faire de ces enfants des citoyens. Avant les dernières élections législatives, les élèves « de gauche » m'ont demandé que Krivine[6] vienne faire un exposé au lycée. J'ai dit pourquoi pas ? A condition qu'on fasse venir aussi un réformateur,[7] un U.D.R.,[8] un républicain indépendant,[9] etc., et nous tirerons au sort l'ordre des informations. J'ai été beaucoup critiqué par les parents et les profs. J'ai tenu bon, il y avait 60 à 100 élèves à la première assemblée. « Fumier, fasciste, vendu... » ça volait aussi bas qu'une réunion d'adultes ![10] Je crois que les enfants ne sont pas mûrs pour l'information politique telle qu'elle est assénée. Et pourtant la libre opinion, la laïcité c'est la sauvegarde du XXIe siècle.

Extrait de *Elle*, 6 janvier 1975

[5] **on « baise »** : On baise la main de quelqu'un, mais on embrasse une personne, sinon le sens devient vulgaire, comme ici.

[6] **Krivine** : Alain Krivine, jeune leader et représentant d'un groupe trotskiste très actif en 1968 dont le journal s'appelle *Rouge*.

[7] **réformateur** : Parti politique du centre.

[8] **U.D.R.** : Union de la défense de la République. Parti de la majorité fondé par De Gaulle.

[9] **républicain indépendant** : Du parti « centriste » qui vote avec la majorité.

[10] **ça volait... réunion d'adultes** : Les arguments n'étaient pas plus intelligents que dans une réunion d'adultes.

à votre avis...

1. Est-ce que le proviseur devrait connaître personnellement les élèves de son lycée ? Pourquoi ? Comment le faire ?
2. Que pensez-vous de la manière dont le proviseur a traité le garçon « coupable d'amour » ?
3. Y a-t-il des proviseurs coupables ? Si oui, de quoi le sont-ils ?
4. Pourquoi ne faut-il pas satisfaire ses envies sans y réfléchir ? Etes-vous d'accord ?
5. Quel est le rôle, la place, de la politique au lycée et dans l'éducation en général ? Y a-t-il une politique de la classe ?
6. Le proviseur a-t-il le droit ou même le devoir de critiquer la conduite des élèves ?

JACQUELINE DE LINARES

L'Université des retraités

Au moment de la retraite, beaucoup de gens sont encore jeunes et ont des intérêts variés. M. Vellas a organisé à Toulouse une université pour ceux qui voudraient occuper le temps libre qu'ils ont soudain.

« En créant cet enseignement, explique-t-il, j'ai voulu démontrer deux choses. D'abord, que l'Université, contrairement aux idées reçues, peut sortir de son ghetto. Mais, surtout, que l'on peut retarder le vieillissement grâce à un entraînement physique et mental. »

M. Vellas a lancé son projet sans aucune subvention. Il demandait simplement aux candidats une modeste cotisation de 20 francs. Et il a réussi à susciter une véritable frénésie d'activités chez les retraités toulousains.

Malgré leur âge, ces « étudiants » sont aussi assidus aux cours de yoga ou de gymnastique qu'à la conférence d'un professeur d'économie politique sur « l'opinion anglaise et le Marché commun ». Ils font des longueurs de piscine, visitent une usine, un musée, ou partent en excursion sous la houlette d'un enseignant de l'université. Les jeunes étudiants ne leur font pas peur : ils invitent des littéraires à leur groupe de lecture, ou bien ils vont s'ébattre dans la campagne sous la direction des élèves maîtres d'éducation physique. Ainsi, M. Vellas espère qu'ils ne se sentiront pas coupés du reste de l'université.

Certains habitants de Toulouse, pour lesquels approchait l'âge de la retraite, les regardaient avec envie. Pour ceux-là, on vient de créer, le samedi matin, un « cycle de préparation à la retraite », véritable propédeutique pour cet enseignement pas comme les autres.

Au début, les candidats n'étaient qu'une quarantaine. Ils étaient très intimidés. Ils ne comprenaient pas très bien ce qu'on leur proposait. Aujourd'hui, 1500 personnes sont inscrites. Chaque semaine, de nouveaux venus se présentent. Et les « anciens » ne cachent pas leur satisfaction. « Moi, qui voyage encore beaucoup, explique une vieille dame vive et décidée, une ancienne institutrice de 76 ans, je suis enchantée d'aller au laboratoire de langues pour rafraîchir mes connaissances d'espagnol. » Et une mère de famille qui n'a jamais travaillé raconte : « Mes enfants sont élevés, j'ai 60 ans, je n'arrive pas à me sentir vieille. »

Bien sûr, c'est plus pour occuper son temps que pour commencer de véritables études que l'on retourne à l'université à cet âge. « Nous ne venons pas suivre un enseignement, avoue un ancien ingénieur chimiste, nous sommes là pour passer le temps, pour tromper la solitude. »

Même si l'on ne cherche qu'une distraction ou une évasion, il faut sans doute avoir reçu une bonne formation de base pour oser s'aventurer sur les bancs de l'université quand on a dépassé la soixantaine. Aucun diplôme n'est exigé à l'inscription. Mais, en fait, les anciens instituteurs, enseignants, cadres, ingénieurs viennent beaucoup plus nombreux que les ouvriers ou artisans retraités.[...]

M. Vellas n'entend pas en rester à ce stade des distractions culturelles. « Nous voulons faire plus, dit-il. Il faut préparer les personnes âgées à prendre des responsabilités. » Pour les réinsérer dans notre société, il voudrait comme M. René Lenoir, secrétaire d'État à l'Action sociale et apôtre du volontariat, leur confier des tâches bénévoles. Dans des crèches, des hôpitaux, des bibliothèques, par exemple.[...]

Dans la société industrielle, qui a tendance à tout mesurer en termes de productivité et de rendement, les personnes « âgées sont condamnées à être des « exclus ». C'est peut-être pour cela qu'une initiative comme celle de M. Vellas ne pouvait venir que de l'Université, qui est d'abord un service public, même si elle a trop souvent tendance à l'oublier.[...]

Extrait de l'*Express*, 18–24 novembre 1974

à votre avis...

1. Les diverses activités des « étudiants » de cette université sont-elles valables ?
2. Commentez cette phrase : « Nous sommes là pour passer le temps, pour tromper la solitude. »
3. Que peuvent faire ces gens qui prennent leur retraite dans notre société ?
4. Décrivez la situation des retraités que vous connaissez.
5. Comment vos parents voient-ils la retraite ? Sont-ils nécessairement exclus des activités des non-retraités ?
6. Les études sont-elles nécessairement une activité des jeunes ?
7. Quels sont les avantages et les inconvénients du volontariat ?

travail et
vacances

vocabulaire
DE TRAVAIL

Travailler

gagner de l'argent
gagner sa vie
avoir une situation = occuper un poste = exercer un métier[1]
perdre son emploi = être au chômage = être chômeur
adhérer à un syndicat = être syndiqué
se mettre, être en grève = être gréviste
à 65 ans prendre sa retraite

L'industrie

une usine
Un ouvrier travaille devant une machine ou dans un atelier.
Un ingénieur organise les travaux techniques.
Un cadre dirige ou encadre du personnel.
le directeur (P.D.G. : Président, directeur général)

Le commerce

être commerçant, servir les clients dans un magasin, une boutique[2]
commerce d'alimentation
Le boucher vend la viande.
L'épicier vend les produits d'alimentation.
Le boulanger vend le pain.
le marchand de poisson, de vin
Le teinturier nettoie les vêtements.
Le libraire vend des livres.
Le coiffeur coupe les cheveux, coiffe les clients.

Les artisans

l'électricien
le peintre
le mécanicien
le cordonnier   *cobbler*
le bijoutier   *jeweler*

---

[1] Un poste = un emploi ; une position signifie une situation physique : debout, assis, couché.
[2] Distinguez entre un petit magasin (où le patron vend lui-même) et un magasin à « grande surface » (grand magasin, supermarché, centre d'achats) où des vendeurs servent les clients ou bien c'est en « libre-service ».

Les affaires

travailler dans un bureau, pour une société, une entreprise
un secrétaire
taper à la machine
un employé de bureau
un homme d'affaires

Les fonctionnaires

un fonctionnaire = un employé de l'Etat
les entreprises nationalisées en France : le gaz, l'électricité, les
    chemins de fer, les postes et télécommunications, l'enseigne-
    ment
l'administration (équivalent de *government* en anglais)

Le travail qu'on appelle « féminin »

La ménagère travaille chez elle.
La femme de ménage remplace la maîtresse de maison ou l'aide.
Une infirmière aide le médecin.
La maîtresse d'école enseigne dans une école maternelle ou primaire.
L'assistante sociale est chargée de l'aide sociale.
Certaines femmes travaillent à mi-temps ou à temps partiel (= à
    temps complet).

Les professions libérales

On a une formation intellectuelle.
le médecin, le dentiste
take care of soigner les malades, prescrir des médicaments
un avocat
conseiller le client, le représenter au procès devant le tribunal
un architecte
conseiller le client, faire des plans, surveiller la construction

exercices
SUR LE VOCABULAIRE DE TRAVAIL

I Mettez le mot qui convient.

1. Les postiers sont des ..., ils sont donc employés et payés par l'Etat. Ils adhèrent presque tous à un ... pour améliorer les conditions de travail et les salaires dont ils ne sont pas contents. Pour cette raison, ils font ... en ce moment et on ne reçoit plus de courrier.
2. Les ... ont perdu leur ... et ne gagnent plus leur ...
3. Les bons artisans deviennent de plus en plus rares. Le ... prend vos chaussures pendant trois semaines pour les réparer, il faut attendre longtemps la visite de ... pour la lampe du salon, et les ... sont devenus si chers que beaucoup de gens décorent leurs appartements eux-mêmes. Et puis les ... vous rendent après une longue attente une voiture réparée mais qui ne fonctionne que pendant dix kilomètres.

II Faites des phrases logiques utilisant les éléments suivants.

1. situation, gagner sa vie, ouvrier, syndicat, niveau de vie
2. commerçant, grève, patron, clients, servir
3. patron, secrétaire, licencier, taper à la machine
4. prendre sa retraite, adorer, profession, acteurs
5. refuser, libraire, architecte, aimer mieux, maisons

III Utilisez les mots suivants dans une phrase qui montre leur sens.

1. une assistante sociale
2. un ouvrier
3. un vendeur
4. une secrétaire
5. un avocat

IV Répondez aux questions par des phrases complètes.

1. Pourquoi les gens travaillent-ils ?
2. Quels sont les avantages des grands supermarchés et quels sont ceux des petits magasins ?
3. La vie des artisans est-elle plus agréable que celle des ouvriers ? Pourquoi ?
4. Que fait un avocat ?
5. Y a-t-il des hommes qui travaillent à temps partiel ? Pourquoi ?

V Expliquez ce que fait votre père ou votre mère comme travail.

CLAUDINE VERNIER PALLIEZ

Ces Filles qui posent nues

Voici l'interview de trois jeunes femmes qui sont modèles et qui posent nues pour les photographes. Elles expliquent comment elles ont choisi ce métier, et comment s'établit l'intimité entre les quatre murs du studio. Des photographes ont aussi été interrogés, et ils expriment leur opinion sur les filles tout en nous montrant certains traits de leur propre personnalité.

Joëlle Alexandre, vingt-quatre ans, est rousse, pulpeuse et gaie comme une nuit de fête. Native de Rouen où elle préparait les Beaux-Arts[1] dans l'intention de faire de l'art graphique et de la publicité, elle décide un jour de monter à Paris pour vendre ses dessins. Elle rencontre des propriétaires de maisons de prêt-à-porter qui remarquent, non ses peintures, mais les formes sculpturales de son anatomie. Ainsi, elle commence à défiler, habillée par Cacharel, Saint-Clair, Hechter.[2] Une amie cover-girl lui donne le premier coup de pouce en l'emmenant avec elle aux séances de photos. Joëlle plaît aux photographes qui l'aident à se faire un book.[3] Au bout d'un an, celui-ci lui permet d'entrer chez Christa Modeling qui la spécialise dans la mode et la beauté. Son amie cover-girl lui ouvre une autre porte en la présentant à une rédactrice du magazine *Lui*.[4]

« Connaissant un peu les ficelles du métier, je n'ai eu aucun problème à me déshabiller, dit-elle. Giacobetti qui me photographiait a su d'emblée me mettre en confiance et me retirer tout semblant de pudeur. Je choisis d'abord le photographe plus que le magazine pour lequel il travaille. J'adore travailler avec Bourdin, car il sait ce qu'il veut. Il prépare, il compose, il utilise ses mannequins comme des objets, mais quel plaisir d'être un objet pour un photographe de talent ! »

Joëlle a beaucoup posé nue pour Tana Kaleya. Elle préfère souvent travailler pour les femmes qui voient dans le corps de leurs sœurs le côté romantico-sophistiqué, alors que les hommes, il faut

[1] **Beaux-Arts :** Ecole supérieure où on étudie l'architecture, le dessin, la peinture, la sculpture, etc.
[2] **Cacharel, Saint-Clair, Hechter :** Maisons de confection célèbres.
[3] **un book :** Livre de photos que les mannequins présentent aux agences ou aux employeurs pour trouver du travail.
[4] *Lui* **:** Magazine qui ressemble à *Playboy*.

bien le dire, s'attachent plus à la sensualité. Les stylistes, les assistants n'ont jamais posé à Joëlle aucun problème, mais s'il y a dans le studio une personne qui n'a rien à y faire, Joëlle est incapable de continuer à travailler. Son mari, mannequin comme elle, refuse de poser nu. Elle-même ne veut pas poser nue avec des hommes, si ce n'est son mari.

En général, Joëlle tient à conserver son mystère, elle ne fait pas de photos suggestives et ne travaille pas pour les journaux italiens « trop coquins ».

Ses parents décorateurs préfèrent évidemment la voir habillée, mais eux-mêmes habitués aux objets d'art ne font pas de drame quand leur beauté de fille dévoile ses formes ravissantes. Elle avoue être un peu lassé de poser nue, mais elle continue allègrement car elle est payée quatre cent francs par heure en prenant soin d'éviter ce qu'elle redoute par-dessus tout : la vulgarité.

Patricia, vingt-six ans, est un modèle de l'agence Pauline. Elle est grande, mince et brune, très belle.[...]

Elle a fait sa première expérience de nue pour un film publicitaire vantant les mérites du jus de raisin. « J'étais nue au pied d'un moulin, allongée au soleil.[...] Se déshabiller, c'est un problème d'éducation. Moi, je n'ai jamais eu de problème avec mon corps, mes parents m'ont habituée à m'aimer et à me soigner. La première fois que j'ai fait des photos nues, c'était par Jean-Loup Sieff. Je lui ai demandé qu'il n'y ait pas trop de monde. Il a fait sortir les gens indésirables. En général, les photographes ne font pas la cour à leur mannequin, c'est un mythe. S'il arrive qu'il y ait une équivoque, on les remet vite à leur place. L'heure de pose coûte tellement cher qu'on ne perd pas de temps à faire des galipettes. » [...]

Lorsque Patricia fait du nu, elle s'arrange pour qu'on ne reconnaisse pas son visage.[...] Son fiancé travaille à R.T.L. et il est un peu jaloux de savoir que sa compagne montre son anatomie à d'autres qu'à lui.

Martine : « Je n'ai ressenti aucune gêne, dit-elle. Mes parents et moi sommes naturistes depuis toujours, mais nous n'allons jamais dans les camps⁵ car nous n'aimons pas l'étalage de viande. Il y a une énorme différence entre se déshabiller devant son petit ami, ses parents et un photographe. Devant l'homme que j'aime, j'ai beaucoup de difficultés à me déshabiller : je me sens coincée, mal à l'aise, complexée. Lorsque je me déshabille devant un photographe, j'ai l'impression d'endosser un costume. Mon moi n'existe plus.[...] »

Martine a travaillé pour Max Danton, Patrick Bertrand, Jean-

⁵ **les camps :** Il s'agit des camps de naturistes où on peut vivre nu, surtout des îles où on va en vacances.

Loup Sieff. Elle affirme avoir toujours eu des rapports amicaux avec chacun sans qu'aucun n'ait jamais tenté de lui faire la cour.[...]

Martine n'a jamais eu de problème, ni avec ses parents, ni avec ses fiancés. Et pourquoi en aurait-elle ? Tous préfèrent la voir nue et épanouie dans les journaux que, par exemple, morose et grise derrière une machine à écrire.

Jean-Loup Sieff, qui a fait débuter tant de jeunes filles dans la photo, pense qu'elles font du nu, soit parce que c'est très bien payé, soit parce qu'elles ont une tête difficile à photographier. « Il y a dix ans, dit-il, il y avait à New-York, une seule fille qui posait nue et que tout le monde s'arrachait. Mais depuis, les mœurs ont beaucoup évolué. Dans le domaine de la photo, elles réagissent un peu comme des moutons ; elles ont peur d'être la première. Une fois que leurs amies ont commencé, elles y viennent très naturellement. Il est parfois plus difficile de détendre une fille pour faire un portrait que pour faire un nu. Si elles sont vraiment trop mal à l'aise, on boit une tasse de thé, on bavarde mais en général, c'est comme chez le docteur : elles savent pourquoi elles sont là. La majorité acceptent de poser nues en fonction du but de la photo, mais certaines ont encore peur du qu'en-dira-t-on, d'autres ont des problèmes avec leur famille trop puritaine.

Just Jaeckin, lui, est un grand timide, plus encore que ses mannequins. « Ce n'est jamais moi qui leur demande de se déshabiller, mais mon assistant qui le demande pour moi, dit-il. Pendant ce temps, je fais semblant de m'occuper des appareils, des objectifs. Une femme nue est encore plus vulnérable et il ne faut jamais avoir un regard vers sa nudité. Avant de travailler, je leur montre des photos de nu que j'ai fait d'autres filles.[...] Mais il est très rare qu'une fille aime voir les photos après. »[...]

Extrait de *20 ans*, Publications Filipacchi, septembre 1974

à votre avis...

1. Comment Joëlle est-elle devenue modèle ?
2. Pourquoi les photographes ne font-ils pas la cour à leur mannequin ?
3. Quel est le sens du mot « fiancé » en général ? Dans ce texte ?
4. Pour quelles raisons une fille refuse-t-elle de poser nue ?
5. Comparez l'attitude des deux photographes envers les femmes qu'ils photographient.

6. Commentez cette remarque : « Une femme nue est encore plus vulnérable. »

7. Pensez-vous que les femmes aiment voir des photos de femmes nues ? Pourquoi ?

8. Pourquoi Martine trouve-t-elle différent de se déshabiller devant son petit ami, ses parents et un photographe ? Seriez-vous du même avis ?

9. Trouvez-vous normal que les fiancés soient jaloux ?

10. Qu'est-ce que les naturistes ? Qu'en pense Martine ? Qu'en pensez-vous ?

11. Que pensez-vous des hommes qui posent nus ? Est-ce différent des femmes ?

12. Est-ce que vous poseriez nu ? Pourquoi ?

RENE BARJAVEL

Les Coups c'est nous qui les prenons

*Cet article a été écrit pendant une grève des P et T
(Postes et télécommunications) qui a duré près de deux
mois. Les postes en France sont nationalisées et les
employés sont des fonctionnaires. Cette grève a causé
de gros problèmes à beaucoup de gens qui ne recevaient
plus leur salaire ou leur pension, ni bien sûr aucune
nouvelle.*

Toute grève des services publics, qui gêne la vie de tous, provoque
forcément une réaction du même ordre, et si les dirigeants syndi-
calistes avaient d'autres soucis que de secouer le cocotier du pouvoir, il y a longtemps qu'ils auraient cherché d'autres moyens de
faire aboutir les demandes de leurs cotisants.

Quand les travailleurs d'une entreprise privée font grève, c'est
une explication entre eux et leur patron, c'est du rugby ou du catch,
les adversaires échangent des coups réguliers ou des coups bas, se
battent à la loyale ou à la déloyale, mais ce sont l'un et l'autre qui
frappent et qui encaissent, et que les phases et l'issue du combat
concernent directement. Par contre, quand les travailleurs d'un
service public font grève, c'est-à-dire se battent contre l'Etat, on voit
se produire ce phénomène singulier : pendant que les deux adversaires s'affrontent, c'est le public qui reçoit les coups.[...]

Chaque fois qu'une des « circulations » essentielles de la nation
est bloquée, chaque fois que le courant électrique s'interrompt,
arrêtant les usines, plongeant les familles dans le froid et l'obscurité,
coinçant les voyageurs dans le métro et l'ascenseur, engorgeant les
rues des villes privées de feux rouges, chaque fois que les trains
cessent de transporter les travailleurs et les marchandises, chaque
fois que la poste cesse de transmettre les informations, les com-
mandes, les chèques, la santé du corps social est ébranlée, et chacune
de ses cellules souffre. La répétition de ces abcès peut faire d'un
organisme plus ou moins bien portant un moribond. Et le cœur, le
foie ou la rate qui auront provoqué l'agonie la subiront comme tout
le reste du corps qu'ils auront couché à terre.

Un Etat libéral ne discute pas le droit de grève de ses employés. Ce droit fait partie des libertés. Mais la liberté de chacun n'est pas le droit de piétiner celle des autres. Aucun droit individuel ne peut prévaloir contre le devoir collectif, dont dépend la vie de tous. Plus leur travail est nécessaire à la vie des autres, plus ils doivent avoir des scrupules à l'interrompre.[...]

Extrait du *Journal du Dimanche*, 24 novembre 1974

à votre avis...

1. Pensez-vous que la grève soit un bon moyen de pression sur l'employeur ?
2. Quelles sont les différences entre la grève d'une industrie et la grève des postes, de l'électricité, du gaz ou des transports en commun ?
3. Le droit de grève est-il discutable ?
4. Pendant une grève, les grévistes sont-ils payés ? Par qui ? Est-ce une bonne chose ?
5. Quand et comment le droit de grève a-t-il été acquis ?
6. Quelles sont les conséquences des grèves de l'enseignement ?
7. Pouvez-vous imaginer et définir la position politique de l'auteur ?
8. Que pensez-vous des piquets de grève ? (Ce sont les grévistes qui empêchent les non-grévistes de travailler.)

MARIELLA RIGHINI

Le Travail: une valeur en chute libre

Le travail était autrefois une activité dont on était fier. D'après l'auteur de cet article, maintenant au contraire, les gens en ont honte, ou en tout cas n'aiment pas leur travail. Pour eux, la vie commence quand le travail est fini. Ils ne prennent aucun plaisir à travailler et n'aiment pas parler de leur profession.

« Qu'est-ce que vous faites dans la vie ? »

Essayez de poser la question autour de vous. Dans un restaurant, à un arrêt d'autobus, dans une queue de cinéma, à un guichet de P.M.U.,[1] sur un banc de square, à un feu rouge, dans un ascenseur de grand magasin, à la sortie de la grand'messe, au péage de l'autoroute. Vous serez surpris par l'ambiguïté des réponses. On se dérobe, on esquive, on tourne autour. On sait parfaitement à quoi vous faites allusion mais on préfère rester dans le flou. « Rien de palpitant », « C'est à peine avouable », « Je bricole », « Je m'occupe »... Ou bien on donne dans le provoquant. Ceux qui avouent leur métier — la minorité — le font avec une étonnante discrétion. Rien de la noble fierté des générations laborieuses qui nous ont précédés, la tête haute, dans le monde du travail.

Pudeur ou honte ? Malaise en tout cas, face à ce qui était autrefois motif d'orgueil et de plaisir ou, à l'opposé, source de misère et de peine : le travail. « De toutes les anciennes valeurs, c'est la plus menacée », affirme Jean Rousselet, médecin pédiatre et psychologue, auteur d'une recherche sur « l'Allergie au travail ». « Les jeunes n'y croient plus, affirme-t-il, chiffres à l'appui. Les moins jeunes s'en détournent. » Même désaffection chez l'O.S. de la métallurgie, la caissière de grande surface et autres préposés au travail en miettes que chez le médecin scolaire astreint au énième examen préventif de la journée ou le juge confronté, des années durant, aux mêmes délits de stationnement illicite. Les métiers considérés jusqu'ici comme les plus riches, les plus indépendants, les plus créatifs, ceux qu'on croyait les plus rebelles à l'appauvrissement des tâches, sont menacés.

---

[1] **P.M.U.** : Pari Mutuel Unifié, organisation de paris sur les courses de chevaux.

Demander à un agent de tri aux P.T.T.² ou à un chauffeur de taxi si son métier est capable de satisfaire sa curiosité, ses besoins de créativité, sa soif de responsabilité, ses appétits de réalisation, c'est devenu une insulte. « Ce n'est pas mon seul souci ni mon unique centre d'intérêts, vous pouvez me croire, certifie une serveuse de cafétéria ; j'ai mieux que ça dans la vie. » Je la crois. Même chanson chez un architecte tireur de barres dans une grande agence : « Je refuse de m'investir dans ce que je dessine, de me laisser absorber tout entier par ma planche. Ce n'est pas ici que je vais m'épanouir, me réaliser, comme on dit. » « Prouver quoi, et à qui ? poursuit un cadre bancaire, A moi-même ? Non, de plus en plus, je considère mon travail comme un échange temps–argent qui me permet de vivre. En dehors d'ici... »[...]

Les nouvelles générations font très tôt l'apprentissage de l'indifférence. Bien avant leur entrée dans la vie — qu'on continue de confondre avec leur entrée dans la production. Les vocations à la Mozart sont rares. Les ambitions sont pauvres, les choix vagues.[...]

Fini la journée de travail, rien ne doit plus venir la rappeler. Jamais la frontière entre le travail et le non-travail n'a été aussi stricte. Ceux qui « ramènent du boulot à la maison » sont montrés du doigt. On parle le moins possible métier chez soi sauf pour s'en plaindre. « Nous avons demandé à des jeunes de différents milieux en quoi consistait exactement le métier de leur père », raconte Jean Rousselet. « A l'exception des fils d'artisans et de professions libérales, la plupart étaient bien en peine de répondre à la question. Plus de 50% connaissaient à peine le nom de la profession. » La plupart de ces adolescents savaient une chose, en tout cas. Avec certitude. A aucun prix ils ne voulaient de l'avenir de leurs parents. Ils rangeaient la profession du père parmi celles qu'ils refusaient *a priori*.

La chute libre du travail dans l'échelle des valeurs viole tous les tabous, transgresse toutes les règles, quelle que soit la doctrine en vigueur. Car les systèmes de pensée les plus contradictoires s'accordent sur un dogme : la déification du travail. L'unanimité de la pensée chrétienne, libérale ou marxiste, sur ce point précis est frappante. Du moins dans ce qu'on a bien voulu monter en exergue. Car, à regarder de près³ dans les Ecritures, qu'elles soient de Marx ou de Jésus, on trouve des prises de position inédites et fort intéressantes. Les démystificateurs du travail se battent désormais sur le même terrain que les doctrinaires du boulot. C'est nouveau. Ils citent des

---

² **P.T.T.** : Postes, téléphones et télégrammes. Ancien nom des P et T, Postes et télécommunications. Beaucoup de gens emploient toujours l'ancien nom.
³ **à regarder de près** : Quand on regarde de près.

passages occultés de l'auteur du « Capital », ou du « Sermon sur la montagne ».[...]⁴

Extrait du *Nouvel Observateur*, 23 décembre 1974

à votre avis...

1. Pourquoi est-il considéré comme incorrect de parler de son travail en dehors du bureau, de l'usine... ?
2. Comment répondent les gens quand on leur demande ce qu'ils font ?
3. Pourquoi le travail était-il glorifié autrefois ? Qu'est-ce qui a changé ?
4. Est-ce que le travail est pour vous un échange temps-argent ?
5. Connaissez-vous des gens qui aiment leur travail et qui aiment en parler ?
6. Pourquoi les jeunes n'ont-ils pas beaucoup de désirs et d'ambitions professionnels ?
7. Que voulez-vous faire dans la vie ? Quelles sont les chances que vous le fassiez réellement ?
8. Pouvez-vous expliquer les rapports entre le développement de la psychologie et la dévalorisation du travail ?

---

⁴ « **Capital** » : Ouvrage célèbre de Karl Marx. « **Sermon sur la montagne** » : Discours de Jésus.

ANNE GALEY ET MADY CAËN

Les Métiers de la nature

L'industrialisation, la pollution, l'urbanisation, font rêver beaucoup de gens de se retrouver seuls dans la nature. Le « naturel » est à la mode. Ce passage est extrait des « Métiers de la nature », un livre qui propose aux enthousiastes de la nature des professions devenues maintenant inhabituelles.

Vivre loin du tumulte et de la pollution des villes est, aujourd'hui, le désir de nombreux garçons et filles. Habiter la campagne, c'est formidable ! Mais, quelles professions peut-on y exercer ? Pour vous, nous avons sélectionné quelques idées parmi les plus originales.

Bergère : Aujourd'hui, les pâtres professionnels sont préférés aux amateurs. Si vous êtes robuste, si vous ne craignez pas l'inconfort ni la solitude et, enfin, si vous êtes passionnée par tout ce qui concerne la race ovine, pourquoi ne pas exercer ce si poétique métier ?

Accompagnatrice de randonnées équestres : Une nouvelle profession pour les bonnes cavalières et les passionnées de tourisme équestre.

Apicultrice : Si vous habitez le Gâtinais, la Bretagne, les Landes, la Provence ou les Alpes, si vous disposez d'un espace suffisant et... si vous ne craignez pas les piqûres d'abeilles, vous pouvez créer votre propre rucher. Quelques lycées agricoles enseignent l'apiculture.

Paysagiste : « Dessiner » des jardins, créer des espaces verts, choisir des plantes et des fleurs en fonction de la nature du terrain... Quelques aspects de cet agréable métier que l'on peut apprendre dans une école nationale d'horticulture.

Chasseur d'images : Parcourir le monde avec un appareil photo ou une caméra, telle est l'agréable activité du chasseur d'images professionnel.

Extrait de *Mademoiselle Age tendre*, octobre 1974

à votre avis...

1. Etes-vous tenté par ces « métiers de la nature » ? En quoi ?
2. La nature est-elle toujours bonne pour l'homme ? Quel est le rôle de la nature dans la médecine ?
3. Que pensez-vous du « naturel » à la mode dans l'alimentation ?
4. Citez et décrivez d'autres métiers de la nature.
5. Préférez-vous habiter à la ville ou à la campagne ? Justifiez votre opinion.
6. La nature est-elle vraiment menacée par notre civilization ? Comment faire face à ce danger ?

vocabulaire
DES VACANCES

avoir, prendre des vacances, un congé
partir en vacances
passer ses vacances au bord de la mer
                        à la campagne
                        à la montagne
                        à l'étranger
partir en voyage

Le voyage

voyager seul ou en groupe
une agence de voyage
les renseignements
les bagages : la malle
               la valise
               le sac, le sac à dos
               les bagages à main
les papiers : le passeport
             le visa
             le carnet de vaccinations
la police, le policier : contrôle d'identité
la douane, un douanier : contrôle des importations
payer des droits de douane
le départ ≠ l'arrivée

Les moyens de transport : les transports en commun

acheter un billet : un aller simple, ou un aller-et-retour
retenir une place, une couchette, en 1ère ou 2e classe
prendre le train, l'autobus, le bateau, l'avion
aller à Paris en autocar, en avion, en train
un autobus (en ville)
un autocar ou un car (pour les distances plus longues)
le chauffeur conduit l'autobus
on descend à l'arrêt d'autobus
le métro
on descend à la station de métro
le train, le chemin de fer
le wagon, le wagon restaurant
le compartiment
le bateau
l'avion
l'équipage : le pilote et le co-pilote
             l'hôtesse de l'air et le steward
un aéroport
décoller et atterrir *take off, land*

Les accidents

le train déraille
le bateau coule
un avion s'écrase

Les transports particuliers

une voiture, une auto
conduire une auto

le permis de conduire
un embouteillage *traffic jam*
avoir une panne = tomber en panne *trouble, breakdown*
avoir un accident de voiture
la bicyclette, le vélo
pédaler
à pied[1]
faire de l'auto-stop
partir ou voyager en auto-stop

Les hôtels

descendre dans un hôtel
demander le prix « tout compris »
retenir une chambre avec salle de bain, avec douche
passer la nuit dans un hôtel
mettre la voiture au garage
régler la note

Les restaurants

le menu
commander un repas
payer l'addition
laisser un pourboire au garçon ou à la serveuse, si le service n'est pas
    compris

exercices
SUR LE VOCABULAIRE DES VACANCES

I Faites des phrases logiques en utilisant les éléments suivants.

1. nous, faire de l'auto-stop, parce que nous, ne pas avoir, argent
2. le douanier, ouvrir, valises, arrivée
3. je, se demander, partir, train, auto
4. demander, renseignements, agence, voyage
5. nos amis, retenir, chambre, hôtel

[1] Attention : n'utilisez jamais le verbe « marcher » qui n'a pas d'objet à la place de
l'expression « aller quelque part à pied ». Exemples : J'aime marcher, alors je vais
à l'école à pied. De même : J'aime conduire et je vais à mon travail en auto.

II Répondez à chaque question par une phrase complète.

1. Comment peut-on aller de New York à Paris ?
2. Où pensez-vous aller dîner ?
3. Qu'emportez-vous comme bagages pour partir en auto-stop ?
4. Que fait le policier au départ ?
5. Quelles sont les difficultés que l'on peut avoir en voiture ?

III Mettez le mot qui convient.

1. Si vous êtes satisfait des services du garçon, donnez-lui un ...
2. Quand l'avion ... avant d'arriver à l'aéroport, cela a été une catastrophe.
3. Je ne peux pas régler la ... de l'hôtel, c'est beaucoup trop cher.
4. C'est un vrai problème de tomber ... quand il n'y a pas de garage à côté.
5. J'aimerais faire un ... à bicyclette !

IV Utilisez chacun des mots ou des expressions suivants dans une phrase qui en montre clairement le sens.

1. à pied
2. une hôtesse de l'air
3. régler la note
4. un auto-stoppeur
5. un embouteillage

V Racontez un mauvais voyage en utilisant le vocabulaire des vacances.

MICHEL THIERRY et ROBERT PAJOT

Le Vélo, instrument de la joie de vivre

Le cyclisme est depuis longtemps un sport très pratiqué en France par de nombreux amateurs et professionnels. « Le Tour de France » est une course à bicyclette à laquelle participent beaucoup de champions européens. Il faut faire le tour de la France en plusieurs étapes. Le vainqueur est un héros national. Depuis quelques années cependant, l'intérêt pour le cyclisme professionnel diminue alors qu'au contraire, le vélo est de plus en plus utilisé par les amateurs, les cyclistes du dimanche et des vacances.

Considérée avant la guerre comme le premier moyen de transport, la bicyclette céda ensuite le pas à l'automobile. Mise au clou[1] un moment, elle a retrouvé, surtout à partir de 1968, en raison des évènements que l'on sait,[2] son titre de noblesse de « petite reine ».

Avec les difficultés de circulation et de stationnement dans les villes, la bicyclette trouve une nouvelle raison d'être. Mais elle permet également, hors des cités, en week-end surtout, de se livrer à une activité physique propre à combattre les méfaits de la vie sédentaire.

Le besoin de pédaler apparaît si grand pour certains que des syndicats d'initiative de province et le Touring Club de France ont proposé aux estivants, des circuits touristiques, à bicyclette, selon différentes allures avec possibilité de se loger et de se restaurer en cours de route. De même, la Fédération inter-jeunes France-Europe a offert, l'an dernier, aux amoureux de la nature, de se lancer pour trente jours, dans une randonnée collective à travers huit parcs naturels.

Les pouvoirs publics envisagent très sérieusement de favoriser, dans les grandes villes et alentours, la circulation des cyclistes. Ils se sont déjà efforcés d'aménager diverses artères du bois de Boulogne et du bois de Vincennes.[3] Ainsi, depuis le début de l'année, les

[1] **Mise au clou :** Abandonnée, inutilisée.
[2] **des évènements que l'on sait :** Référence ironique aux révoltes et aux grèves de 1968.
[3] **bois de Boulogne, bois de Vincennes :** Deux grands bois en bordure de Paris.

« coursiers » à l'entraînement et les messieurs-bien-sous-tous-les-rapports, venus là pour se dégourdir les jambes et perdre un peu de poids, peuvent évoluer en toute sécurité, autour de l'hippodrome de Longchamp.[4]

La race des cyclosportifs constituée d'alertes quadragénaires, quinquagénaires, sexagénaires et, parfois, octogénaires, se développe à un rythme sans cesse croissant.[...] Pourvu d'un matériel de luxe, tous ces gens rivalisent parfois dans des compétitions.

Entre-temps, ils n'hésitent pas, au titre des loisirs, à entreprendre des sorties de longue haleine, tel ce directeur[5] d'une papeterie de Lalinde qui, tous les ans, parcourt des centaines de kilomètres en montagne ; tel aussi cet industriel, qui a pris beaucoup de plaisir, en août dernier, à gravir presque quotidiennement le col des

[4] **hippodrome de Longchamp :** Endroit où il y a des courses de chevaux, près de Paris.

[5] **tel ce directeur :** Comme par exemple ce directeur.

Aravis ;[6] tel, enfin, ce professeur de l'enseignement technique qui, lors des récentes vacances scolaires, a suivi son fils dans le Galibier, la Crois-de-Fer et la Forclaz ![7]

Et puis, il y a les écoles de cyclisme, créées, ces dernières années, à l'initiative de dirigeants de club dans le but d'intéresser les gamins à la compétition, de leur apprendre l'« A.B.C. » du métier ou, pour le moins, de leur faire découvrir les plaisirs que procure la bicyclette, peu coûteuse dans sa version classique, ne consommant rien et ne polluant pas.

« Pédalez et vous aurez la santé ! » conseillent les médecins. On peut les croire, puisqu'ils donnent l'exemple en participant à un « Championnat » de plus en plus couru.

Alors, n'hésitez pas, faites de la bicyclette ! Pour votre joie de vivre...

Extrait de l'*Equipe*, 6 octobre 1974

à votre avis...

1. Pourquoi la bicyclette a-t-elle perdu de l'importance après la guerre ? Pourquoi a-t-elle de nouveau du succès maintenant ?
2. Quels sont les avantages de la bicyclette sur l'automobile ? Dans les villes ? Dans la campagne ?
3. Pensez-vous que la bicyclette soit seulement une manière de faire du sport ou est-ce un vrai moyen de transport ?
4. Aimeriez-vous faire un voyage de jeunes à bicyclette ?
5. En quoi le vélo peut-il être une solution à la surpopulation automobile des villes ?

---

[6] **col des Aravis** : Passage très haut dans les Alpes.
[7] **Galibier, Croix-de-fer, Forclaz** : Cols très hauts dans les Alpes.

BRUNO FRAPPAT

On peut flâner à New York

C'est en touriste que l'auteur parle de New York. Il raconte les choses qui l'ont frappé : la division de la ville en quartiers dont la personnalité est très distincte. Les quartiers pauvres l'ont souvent plus attiré que les riches qu'il trouve tristes et sans vie. Il observe aussi que les New Yorkais sont tellement habitués à la violence qu'elle n'attire même plus leur attention. Ces jugements sont-ils superficiels ? Le touriste n'a-t-il pas l'avantage de voir avec des yeux neufs ?

Tous les guides vous le diront, New York, comme Tokyo, Paris, Londres, Rome, Istanbul, Kiev ou Clermont-Ferrand,[1] est une ville de contrastes. Un contraste de petites villes dans la ville, de quartiers qui se longent sans se pénétrer, comme les cases d'un damier. Ici, c'est Chinatown, vous ne rencontrerez que des Chinois, ils sont doux et paisibles. Là, à trois mètres, c'est le Bowery, vous n'y verrez que des ivrognes dont aucun n'est chinois. De ce côté du parc, c'est Harlem, de l'autre le quartier des milliardaires. A gauche, on vit des allocations de chômage, à droite un garçon futé peut faire fortune en promenant chaque jour les chiens des riches.

Les riches ici, les pauvres là, les Noirs, les Blancs, les Jaunes, les Porto-Ricains, les Juifs, les Italiens, les Polonais ailleurs. Chacun est à sa place, qui dans sa crasse, pas toujours hideuse, qui dans son luxe,[2] souvent sinistre. « C'est dans cette rue, mesdames et messieurs, qu'habite Mme Jackie Onassis. » Une rue grise, sans arbres, étroite, quasi morte. « Et voici la rue centrale de Harlem. » L'avenue est large, bruyante, les couleurs chantent, les maisons débordent de vie, de désordre, les piétons se bousculent devant les étalages.

Bowery, quartier des ivrognes, n'est pas un quartier à part, c'est une autre planète. Par quel miracle tout ce qui boit et titube à Manhattan s'est-il retrouvé dans cette ignoble verrue urbaine qui jouxte le quartier chinois, à quelques encablures de Wall Street ? Cette rue étroite qui ressemble à la porte entrouverte d'un coffre-fort obscur et

---

[1] **Clermont-Ferrand :** Ville du centre de la France.
[2] **qui... qui... :** Certains... d'autres...

gigantesque, les employés écrivent, téléphonent, tapent à la machine, font des états, des comptes. Leurs employeurs, les yeux rivés
sur la Bourse, observent avec ravissement la première remontée
spectaculaire de l'indice Dow Jones, consécutive à l'annonce du plan
anti-inflation de M. Ford. Les employés râlent un peu : une surtaxe
de 5% suffira à réduire à néant l'utilité d'un deuxième salaire.
    Les chômeurs de Bowery n'ont pas, à cette heure, les mêmes
problèmes. Dans un décor chaplinesque de façades lézardées, de
poubelles répandues, deux ivrognes se font face. Au coin de la rue,
l'un d'eux a pris position sur le trottoir, l'autre est sur la chaussée. Le
premier balance mollement son ceinturon, l'air menaçant et fort.
L'autre, plus jeune, en contrebas, désarmé, fait front avec courage et
passivité. Aucune parole n'est échangée. Seule la ceinture, comme le

balancier d'une pendule, rythme des minutes angoissantes. Il faut faire quelque chose. Arrêter l'autocar, prévenir la police.

Un taxi jaune s'arrête à trois mètres. Deux jeunes filles en descendent, pimpantes et joyeuses. Elles passent tranquillement devant les deux ivrognes, inconscientes ou blasées. L'autocar démarre. On ne connaîtra pas la suite.[...]

Extrait du *Monde*, 3 novembre 1974

à votre avis...

1. Aimeriez-vous vivre à New York ? Pourquoi ?
2. Que pensez-vous des deux jeunes filles et qu'auriez-vous fait à leur place ?
3. Pensez-vous que ces visites d'une ville en autocar soient intéressantes ?
4. Les autres grandes villes américaines sont-elles aussi divisées en quartiers ? Pourquoi ?
5. Quelles sont les villes qu'il faudrait visiter pour bien connaître la vie américaine ?
6. Que montreriez-vous d'une ville que vous connaissez à un étranger ? Composez votre monologue de guide.
7. Pensez-vous que les villes européennes soient différentes des villes américaines ? Comment les imaginez-vous ?

JACQUES FAIZANT

Les Cooks

L'auteur est employé ici à la réception de l'Hôtel Victoria à Biarritz.¹ Il décrit le désorde qui s'installe à l'arrivée des voyageurs en groupes organisés qu'il appelle tous des « Cooks » à cause de la célèbre agence anglaise.

Les Anglais m'ont toujours diverti, par cette façon qu'ils ont de ne douter de rien dès qu'ils ont mis les pieds dans un hôtel. Echappaient à cette règle ceux qui voyageaient en groupes organisés et qui, eux, paraissaient douter de tout et principalement de rentrer sains et saufs en Angleterre. En quoi ils n'avaient pas tout à fait tort.

Un brouhaha de voix anglaises est une chose qu'il faut avoir entendue une fois dans sa vie, et qui aide à comprendre pourquoi les Américains (qui n'ont pourtant rien à leur envier) les ont, en 1783, jetés à la porte de leur pays :

— Etait-ce effrayant, ma chère, toute cette horrible poussière que nous avons eue sur la route ?²

— C'était !

— N'était-ce pas ?

— Oh, chère ! chère ! Quand ces petits hommes français auront-ils terminé d'établir ces listes de chambres ? N'êtes-vous pas morte de fatigue, Mary ?

— Je suis, en vérité !

— Henry! vieux garçon ! Que diriez-vous d'un verre rapide avant le dîner ?

— J'ai pris vingt-quatre photographies, j'ai ! Et que je sois damné si ce maudit appareil...

— George ! ne soyez pas commun, voulez-vous ?

—Pour l'amour de Dieu ! Ne pourraient ces gens du bureau se dépêcher un peu de nous donner nos chambres ! Ne pourraient-ils ?

— C'est ça la France, chère ! *Chi va piano va sano.*³

— J'ai peur que ce ne soit de l'Italien, chérie, ici on dit plutôt je crois : *Mañana !*⁴

— Aurons-nous des rôties et du bacon pour le breakfast ?

¹ **Biarritz** : Port et plage de l'Atlantique.
² Attention : tout le dialogue est plein d'anglicismes : l'auteur se moque ici de la façon dont parlent les Anglais.
³ **Chi va piano va sano** : Proverbe italien : Qui va lentement va sûrement.
⁴ **Mañana** : De l'espagnol : Demain !

— Oui, nous aurons. Mr Parkinson me l'a juré. Le bacon sera probablement abominable, m'a-t-il dit, mais nous en aurons.

— J'ai pris vingt-quatre photographies, vieil homme, et cet appareil du diable...

— George ! ne soyez pas indécent, voulez-vous ?

— Cette pauvre Miss Littlebody est en grand souci au sujet de son écharpe. Elle l'a oubliée dans le car qui est parti au garage.

— Est le chauffeur du car anglais ?

— Non. Mais il est honnête tout de même. Il rapportera l'écharpe à cette pauvre chose, je présume.

— Regardez ce jeune garçon français, au bureau, il transpire d'une façon indécente.

— Oh ! chère ! méfiez-vous ! il comprend peut-être l'anglais !

— Oh! grands dieux ! croyez-vous vraiment ?

— Oh ! oui ! il vient de s'éponger le front en souriant de notre côté.

— Ces Français, réellement sont d'une impudeur !

— Oh ! s'il vous plaît ; Margaret, vous me choquez !

— J'ai pris vingt-quatre photographies...

— George !

— Ne serait-ce pas agréable d'avoir une jolie tasse de thé ?

— Ce serait !

— Ne serait-ce pas ?

Voilà notre liste de chambres remaniée, avec l'aide du petit chef de groupe nerveux, qui prononce les noms d'une façon et les orthographies d'une autre, ce qui n'est pas sans nous causer de l'embarras. Il se tourne vers son troupeau, et lève les bras pour réclamer le silence :

— *Ladies and Gentlemen...*

Dans trois quarts d'heure, ils seront en bas pour le dîner. (J'en ai vu qui marchaient au sifflet.) On les enfourne par paquets dans l'ascenseur. A chaque étage, les groupes se scindent, non sans s'être crié les conseils d'usage quand on aborde une terre inconnue.

Les derniers bruits éteints dans les étages, nous respirons et commençons à nous congratuler, quand le nerveux petit chef de groupe descend quatre à quatre, sans faux col.

— Nous avons, nous dit-il d'une voix étranglée par l'émotion, couché ensemble Miss Littlebody et le Révérend Highflower...

Extrait de *Allez vous rhabillez*, Calmann-Lévy, 1956

à votre avis...

1. Quels sont les avantages et les inconvénients des voyages en groupe ?
2. Quels sont les autres moyens de voyager ? Lequel choisiriez-vous ?
3. Faites la description de l'Anglais et l'Anglaise typiques, selon le texte.
4. Que doit faire un chef de groupe ? Pourquoi est-il nerveux ? Aimeriez-vous faire ce travail ?
5. Commentez : « Le bacon sera abominable. »
6. Qu'est-ce que les touristes anglais pensent des réceptionnistes français ?
7. Pourquoi est-ce que ces Anglais visitent la France ?
8. Pourquoi voyage-t-on ? Pourquoi voyagez-vous ou aimeriez-vous voyager ?
9. Que pensez-vous de ce proverbe : « Les voyages forment la jeunesse » ?
10. Les touristes ont-ils une responsabilité de représenter leur pays ? Y pensez-vous quand vous voyagez ?

IV

mode et cuisine

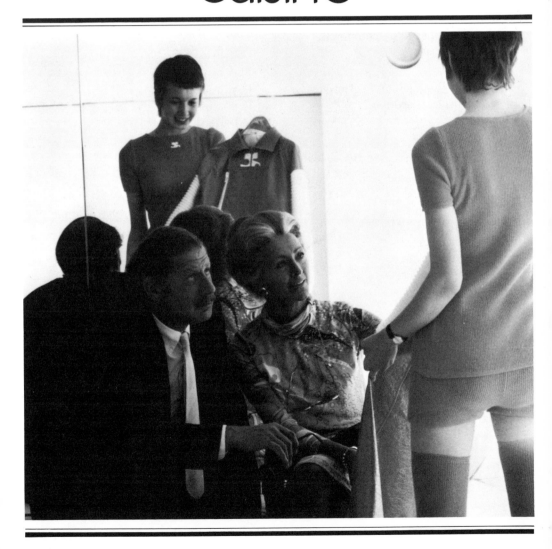

vocabulaire
DE LA MODE

Les vêtements

le costume	un pull	un pardessus
le veston	(ras-du-cou,	un imperméable
un pantalon	à col roulé)	une paire
(une salopette)	une robe	de chaussures
un gilet	une jupe	(plates ou à
un smoking	un chemisier	talons)
une chemise	un manteau	une paire de bottes

Les sous-vêtements

HOMMES

le slip
la chemise (ou le gilet) de corps
les chaussettes

FEMMES

la culotte, le slip
le soutien-gorge
la combinaison
le collant

Les accessoires et les détails

un chapeau	un parapluie	une poche
des gants	un sac à main	un bouton
un châle	les manches	une fermeture éclair
un mouchoir	le col	(qui ne marche
une cravate	le dos ≠ le devant	pas = coincée)
une canne	les lacets de	
	chaussures	

Bijoux

un collier   un bracelet
une bague   des boucles d'oreilles

Vêtements de nuit

le pyjama   la robe de chambre
la chemise de nuit   les pantoufles

Les tissus

une robe de laine, une chemise en tricot
un châle de soie
des chaussettes de coton

La plupart des vêtements modernes sont faits en tissus synthétiques,
le nylon, l'orlon, le tergal, etc.
Il faut que le tissu soit solide, résistant, infroissable.
On n'aime pas les tissus fragiles qu'il faut repasser.
un vêtement usé (ne pas confondre *user* avec *utiliser*)

Verbes et expressions

porter des vêtements
le prêt-à-porter ≠ le sur-mesure (un costume fait sur-mesure)
s'habiller ≠ se déshabiller
se rhabiller
se changer (se changer de chemise, etc.)
être bien ou mal habillé
avoir du goût, beaucoup de goût
être élégant, soigné, distingué
   − s'habiller sport
   ≠ être négligé, peu soigné
Un vêtement vous va bien.
C'est exactement ma taille.
≠ Ça ne me va pas du tout : C'est trop grand ou trop petit.
Le vert ne me va pas.

exercices
SUR LE VOCABULAIRE DE LA MODE

I Mettez les mots nécessaires.

1. Maintenant, les femmes portent souvent des ... comme les hommes, mais les hommes ne portent pas de ... comme les femmes.
2. Ces chaussures sont trop grandes, je vais mettre deux paires de ...
3. Où sont tes ... ? Tu as les mains froides. Ils sont dans la ... de mon manteau.
4. Sa robe est toute froissée, il faut la ...
5. Pourquoi ne porte-t-il pas de ... la nuit ?
6. Je les trouve trop ... pour venir à cette soirée.
7. Cette robe est vieille et très ...
8. Il faudra bien ... pour aller au mariage.
9. Il ne faut jamais ... en public, c'est indécent.
10. Je ne pourrai pas fermer mon manteau, j'ai perdu un ...

II Donnez le contraire des mots en caractères gras.

1. Le **dos** de ta robe est bien trop large.
2. Les vêtements **sur mesure** sont plus chers.
3. **Habille**-toi vite !
4. Comme vous étiez **négligés,** hier soir !
5. Corinne a très **mauvais goût.**

III Faites des phrases avec les mots donnés.

1. robe, tissu
2. à la mode, bottes
3. pantalon, user
4. aller bien, collier
5. se changer, soie

IV Répondez aux questions.

1. Que peut-on porter avec une jupe ?
2. Que fait-on d'une bague ?
3. Qui porte une cravate ?
4. Quand un imperméable est-il utile ?
5. Pourquoi porte-t-on des gants ?

V Décrivez une séance de « strip-tease » en commençant par le manteau.

MARIE-LAURE BOULY

La Mode au lycée

Qu'est-ce que les jeunes Français portent pour aller au lycée ? A Paris, on peut observer que le style change nettement selon les lycées. Certains lycéens ont l'impression de ne pas suivre de mode, parce que leur mode s'oppose à celle des adultes. Voici la façon dont on s'habille dans trois lycées parisiens.

Passionnés de politique, les lycéens de Condorcet n'ont que dédain pour la mode.[...] Le style est en tout cas celui d'un joyeux débraillé : jeans, tennis, vestes en mouton, sacs en bandoulière. Pour les plus snobs espadrilles trouées et pantalons rapiécés. « La mode c'est pour les riches », tranche Joël, 15 ans, en 1re.[1] « Filles et garçons nous devrions tous nous habiller de jeans achetés aux Puces ».[...] Pour Jean-Yves, 17 ans, en terminale,[1] « La mode est trop sophistiquée, trop changeante. Moi, je ne m'habille qu'en pantalon de velours, chemise, veste de cuir, parfois un blazer. » [...] Sa mère repère les boutiques, lui choisit seul. Il ne parle jamais de mode avec ses amis « de toute façon même pour une fille, je ne fais pas attention à ses fringues. Je remarque les mini-jupes, d'ailleurs je déteste. » A travers ses tenues Jean-Marc, 16 ans, en terminale, cherche à donner « une certaine image de lui-même ». Il déniche « des trucs dingues, des chemises dorées. J'aime l'original, le grandiose. Mais je n'ai pas d'argent. »

On est de Janson ou on ne l'est pas. Ici les Puces, les jeans c'est déjà le Moyen Age de la fringue. « Le jean est une tenue de travail », déclare péremptoirement Frédéric, 15 ans, en 1re, qui pense sans doute au travail manuel. « J'en ai assez de cet uniforme sans forme. Les filles doivent retrouver leur féminité, se remettre en jupe, en robes floues de soie ou de crêpe. » Lui-même s'habille de velours, de shetlands, de chemises rayées achetées seul à Londres.[...]

Pour un concert ou une soirée, Gabriel, 16 ans, en 1re, aime porter des cravates très larges ou au contraire très étroites sous un col anglais, et des boutons de manchettes rétro. Bruno, 18 ans, en terminale, à califourchon sur sa moto, écoute, sidéré, son copain. Il n'aime, lui, que son blouson de l'armée et ses bottes qu'il achète dans les magasins de sport, d'excellente qualité donc chères, mais il

---

[1] **en 1re, en terminale :** Avant-dernière et dernière année du lycée.

les gardes 4 à 5 ans. Sa mère le voudrait plus classique, mais elle a renoncé à le transformer. Isabelle, 18 ans, en terminale, ne s'habille que de « robes sages, jupes longues ou pantalons ».[...] Elle se déguise de chapeaux, de très larges ceintures pour rajeunir les ensembles que lui lèguent ses sœurs ainées.

A la sortie de Sévigné, près de l'observatoire, deux « quatrième » du haut de leurs douze ans jugent avec sévérité « le débraillé d'aujourd'hui ». Jeanne et Charlotte rêvent de chemisiers en dentelles, de capelines vaporeuses. En attendant de pouvoir les porter, elles se déguisent en clowns sophistiqués mais seulement le dimanche... Le reste du temps, elles pouffent de rire. En mode aussi, une génération pousse l'autre...

Extrait de *Elle*, 28 octobre 1974

à votre avis...

1. Pensez-vous que la mode soit plus une affaire de filles que de garçons ?
2. Décrivez la mode que vous suivez pour vous habiller : quel genre de vêtements achetez-vous ?
3. Aimez-vous les déguisements ? Lesquels ?
4. Quels problèmes avez-vous eu avec vos parents au sujet de l'habillement, des cheveux, etc. ?
5. Aimez-vous que les filles s'habillent comme des garçons ou au contraire très différemment ?
6. Quelle est l'importance de l'habillement ?

Référendum Montefibre sur l'habillement

Un centre industriel d'habillement a publié ce question-naire. Comment auriez-vous répondu ?

[...] La façon de s'habiller de la femme d'aujourd'hui exprime très souvent sa façon de vivre et de penser.

Pouvez-vous aussi exprimer votre jugement sur les opinions ci-dessous ?
La façon actuelle de s'habiller au féminin :
— permet à la femme de s'habiller de la même façon en « sortant » qu' « au travail »
— permet à la femme de se sentir toujours à son aise
— donne beaucoup d'importance aux accessoires
— met en beauté la femme
— est trop « libre »
— s'adapte surtout aux moments de vacances
— permet à la femme de sortir avec la même chose qu'elle porte à la maison
— est uniquement pour les jeunes
— est excessivement fantaisiste
— permet de bien s'habiller en dépensant peu
— manque de classe
— est trop confuse
— rajeunit la femme
— valorise les couleurs
— retient beaucoup plus l'attention des hommes
— change trop rapidement
— n'est pas très adaptée à une femme qui travaille
— est conçue uniquement pour les femmes minces
— manque de fémininité
— permet à chaque femme de s'habiller comme elle le désire

En fonction des situations suivantes quels sont les éléments de l'habillement que vous porteriez ?

A la maison, avec sa propre famille :
— blue jeans
— chemisier sport
— pantalon classique
— jupe sport

Recevoir des amis à la maison :
— jupe longue
— chemisier élégant
— pull-over élégant

Aller au bureau (répondre même si vous ne travaillez pas) :
— robe chemisier
— tailleur
— jupe sport
— pantalon classique
— manteau

Aller au cinéma ou dîner dehors avec des amis :
— tailleur pantalon
— manteau
— robe classique
— pull élégant

Aller à une réception :
— robe de soirée
— manteau de fourrure
— jupe longue
— chemisier élégant

Aller en excursion :
— blue jeans
— pull sport
— blouson

Sortir avec « lui » :
— manteau de fourrure
— chemisier élégant
— pantalon classique
— pull-over élégant

Pourriez-vous exprimer votre opinion sur l'habillement masculin pour chacune des phrases suivantes :
La façon masculine actuelle de s'habiller :
— est plus élégante qu'avant
— n'est adaptée qu'aux moments des vacances
— met plus en valeur les couleurs
— est trop excentrique
— donne un aspect plus propre
— est trop efféminée
— facilite la vie
— met trop en évidence la silhouette
— n'est pas pratique
— est adaptée seulement aux jeunes
— permet aux hommes de s'habiller de la même façon au travail qu'à l'extérieur
— est fonctionnelle
— rajeunit l'homme
— manque de classe

Extrait de *Elle*, 23 décembre 1974

à votre avis...

1. En quoi la libération de la femme influence-t-elle l'habillement ?
2. Décrivez un habillement que vous considérez mal choisi pour aller au bureau.
3. Pensez-vous que l'on puisse s'habiller de la même façon pour toutes les occasions ou au contraire qu'il faut avoir différentes tenues ?
4. En quoi peut-on considérer la mode masculine actuelle comme trop excentrique ?
5. Quelles doivent être pour vous les qualités d'un vêtement ?
6. Pensez-vous que l'on doive s'habiller différemment selon son âge et son aspect physique ?
7. L'habillement reflète-t-il la personnalité des gens ?

vocabulaire
DE LA CUISINE

la faim, la soif (avoir faim, soif)
un appétit
manger qqch (une pomme, de la viande, etc.)
prendre un repas

Petit déjeuner (quand on se lève)

du café au lait, du chocolat au lait, du thé
du pain grillé, des croissants, des tartines (pain avec du beurre, de la
    confiture, etc.) *tartines = french bread, pain grillé = Am.*
du beurre
de la confiture, du miel
prendre le petit déjeuner au lit

Déjeuner (vers 1 heure)

un hors d'œuvre : de la charcuterie (pâté, saucisson), des salades
    (salade de tomates, de concombres), pamplemousse, melon
une viande (bœuf, veau, porc, mouton, poulet, lapin)
des légumes (pommes de terre, carottes, haricots verts, tomates, céleri)
une salade verte
des fromages
un dessert (gâteau, glaces, fruits)

Goûter (surtout pour les enfants) (vers 5 heures)

des tartines, des gâteaux, des biscuits
du jus de fruit, du chocolat au lait, du thé (pour les adultes)

Dîner (vers 8 ou 9 heures)

un hors d'œuvre ou une soupe
une viande
ou
un légume
une salade
un fromage
un dessert

Avant le dîner, on peut prendre l'apéritif.
A table on boit du vin ou de l'eau.

Après le dîner, on boit le café, noir ou avec du lait, et peut-être un
    digestif, du Cognac, par exemple.

Un repas se compose de plusieurs plats.
On mange bien ou mal.
Un gourmet aime et apprécie la grande cuisine.
Un gourmand aime beaucoup manger.

faire les courses, les provisions
faire la cuisine, cuisiner
un chef
un livre de recettes
mettre le couvert
faire la vaisselle

un régime (se mettre au régime, suivre un régime)
les calories, les vitamines, les protéines

exercices
SUR LE VOCABULAIRE DE LA CUISINE

I Mettez le mot nécessaire.

1. Quand vous avez ..., il faut boire.
2. Cet enfant n'a pas d'..., il ne mange rien.
3. Beaucoup de femmes se mettent au ... pour ne pas être trop
   grosses.
4. Va faire les ..., il faut du pain, du lait et de la viande pour midi.
5. Voudrais-tu boire du ... d'orange ?
6. Il aime manger une ... de confiture pour le goûter.
7. C'est très ennuyeux de ... après le repas.
8. René est très ..., il mange beaucoup de gâteaux.
9. Je mange du pain ... pour le petit déjeuner.

II Finissez les phrases suivantes.

1. Nous ferons la vaisselle ...
2. Il y a des vitamines ...
3. Sylvie a mis le couvert ...
4. Pour le goûter ...
5. Cette recette ...

III Faites des phrases avec les mots suivants.

1. manger bien, salade
2. thé, chocolat
3. provisions, faire la cuisine
4. calories, régime
5. un plat, dîner

IV Répondez aux questions par des phrases complètes.

1. Aimez-vous faire la cuisine ?
2. Qui met le couvert chez vous ?
3. Etes-vous gourmand ? De quoi ?
4. Pourquoi suivez-vous un régime ?
5. Buvez-vous du vin ? Quand ?

V Décrivez ce que vous mangez à chacun des repas.

HENRI PIERRE

Honteux d'être gourmands

Un Français qui apprécie peu la cuisine américaine explique à d'autres Français qui n'ont pas eu l'occasion de visiter les Etats-Unis ce que l'on mange pour la fête de Thanksgiving.

Washington — Peu exigeants dans le domaine culinaire, des millions d'Américains gastronomiquement sous-développés s'offrent tout de même, une fois par an, ce qu'ils considèrent comme un festin. Le jour du Thanksgiving, — le dernier jeudi de novembre, — les familles se réunissent pour un dîner traditionnel, habituellement ouvert par une prière et dont le plat de résistance est une dinde servie, selon la formule, « avec toutes ses garnitures », pommes de terre, patates douces, entourées de céleris et d'épinards et, si possible, de navets. La sauce aux airelles s'impose et les puristes, qui ont les moyens, achètent fraîches ces précieuses baies dont le prix exorbitant les range presque dans la catégorie des produits de luxe, comme le caviar et les truffes.

Comme dessert, pour ceux qui auraient encore faim : une tarte à la citrouille ; le tout arrosé de cidre, qui aide la digestion... Bref, un repas « étouffe-chrétien » ou plutôt « étouffe-pèlerin », puisqu'il s'agit de célébrer le souvenir de ces colons, premiers arrivés, il y a trois siècles et demi sur la terre d'Amérique. De mauvaises récoltes, des Indiens hostiles, menaçaient de les décimer ; le seigneur, qu'ils avaient bien prié, les sortit de ces difficultés. Ils le remercièrent par des actions de grâce et, chaque année, des agapes marquent cette première fête de la collaboration.[...]

Extrait du *Monde*, 29 novembre 1974

à votre avis...

1. Pouvez-vous expliquer l'origine de la fête de Thanksgiving ?
2. Que mangez-vous dans votre famille à cette occasion ? Le menu est-il le même que celui du texte ?
3. Etes-vous d'accord avec le jugement d'Henri Pierre sur la cuisine américaine ?
4. Avez-vous eu l'occasion de goûter de la cuisine étrangère : française, italienne, chinoise... ? Quelle a été votre impression ?
5. Qu'est-ce que vous aimez dans la fête de Thanksgiving ? Quelle est sa place dans la vie américaine ? Préférez-vous Noël ou une autre fête ?
6. Quand vous avez beaucoup mangé, jugez-vous que c'était un bon repas ?
7. Expliquez le « doggie-bag » à un Français.

CLAUDE LEBEY

A table

Claude Lebey a examiné et jugé les restaurants français de New-York et il a été forcé de conclure que la cuisine française à New York ne ressemblait que très vaguement à la cuisine française en France.

Plus de deux cents livres de cuisine, comprenant pour la plupart des recettes françaises ou prétendues telles, en vente dans les librairies de la Ve avenue, plus de cent restaurants prétendus français répertoriés par les guides rien qu'à New York : on pourrait croire que la cuisine française se porte bien là-bas. Hélas ! la réalité est toute différente : standardisation des produits, dictature des syndicats, ignorance de la plupart des clients, cuisiniers français souvent depuis longtemps loin des sources, ainsi, beaucoup de restaurants n'ont de français que le nom. Les fromages doivent être pasteurisés pour être importés aux Etats-Unis. Il résulte de tout cela une parodie de cuisine française. Il y a, enfin, le problème des vins : on trouve de magnifiques bouteilles (spécialement de grands crus de Bordeaux), soit, la plupart du temps, des vins portant des appellations de fantaisie et qui feraient, peut-être, un vinaigre acceptable. Ajoutons que les cartes font preuve d'un manque de personnalité assez désespérant : vous trouverez partout des cuisses de grenouille, des escargots, des crêpes Suzette, de la mousse au chocolat et quelques autres plats « bien de chez nous ».[...]

Extrait de l'*Express*, 6–12 janvier 1975

à votre avis...

1. Pour quelle raison les restaurants français de New-York ne font-ils pas de la vraie cuisine française ?
2. Que veut dire l'auteur quand il parle de plats « bien de chez nous » ?
3. Qu'est-ce qu'une « parodie » ? Donnez des exemples.
4. Aimez-vous aller au restaurant ? Pourquoi ? Quel genre de cuisine préférez-vous ?
5. Un ami français vous demande de lui indiquer un restaurant « typiquement américain ». Dans quel genre de restaurant l'envoyez-vous ? Qu'est-ce qu'il devrait commander ?

6. Les repas ont-ils seulement une fonction biologique ou sont-ils aussi pour vous une activité sociale ?
7. Décrivez votre plat favori. Comment le prépare-t-on ?
8. Quels sont les mets que vous n'aimez pas ? Pensez-vous qu'il soit important de varier les plats ? Aimez-vous essayer des spécialités inhabituelles ?
9. Savez-vous et aimez-vous faire la cuisine ? Voulez-vous apprendre ?

HENRI GAULT

Les Français sont comme ça

*La cuisine française est célèbre à l'étranger et en France.
Cependant, un observateur remarque que les Français
ne mangent plus aussi bien qu'autrefois.*

Question : Traditionnellement, l'image de la France, c'est la vision d'une bonne table. Est-ce toujours vrai ?

Henri Gault : Les Français mangent un peu moins bien qu'avant. Ils n'ont ni le temps ni le goût de faire la cuisine. Les femmes ne savent plus cuisiner. Les jeunes filles ne possèdent plus les « vertus bourgeoises » de jadis. Au début du siècle, encore, il était impensable qu'une jeune femme ne sache pas cuisiner ; cela faisait partie de son éducation primordiale.

Aujourd'hui, elles trouvent cela déshonorant. Bien souvent, elles travaillent au dehors. Pourtant, seules les femmes peuvent faire de la bonne cuisine : les hommes en sont totalement incapables.

Q : Tous les grands « chefs » sont pourtant des hommes.

H.G. : En cuisine, comme en tout, les femmes ne sont pas douées d'invention. Les grands chefs — peu nombreux d'ailleurs — sont des « créateurs ». Mais c'est aux femmes de maintenir les traditions. Compte tenu du peu de temps dont elles disposent aujourd'hui, et de leur manque de goût, il y a un appauvrissement de l'alimentation moyenne en France. De la cuisine familiale surtout.

Q. : Les Français — qui se disent fines gueules — sont persuadés de bien manger.

H.G. : C'est vrai. Malgré tout les Français restent extrêmement gourmands. Du moins dans les principes. Gourmets et gourmands, c'est une image d'eux-mêmes qu'ils aiment entretenir. Et qui reste vraie. Les Français sont sûrement le peuple qui mange le mieux du monde suivis de près par les Italiens et les Espagnols.[...]

Q : Les repas des Français sont-ils bien équilibrés ?

H.G. : Les Français mangent bien, mais ils le font mal. Le petit déjeuner d'abord. Votre enquête ne fait pas apparaître de trop mauvaises habitudes. Les Français devraient cependant tous faire comme les Anglo-Saxons. L'idéal serait d'avaler quelque chose de chaud, une tasse de thé ou de café, immédiatement au lever, pour s'éveiller. Faire ensuite sa toilette, se préparer et, avant de partir, s'asseoir et faire un petit repas.

Il est aberrant de ne pas s'alimenter entre 21 heures et midi trente, soit plus de quinze heures d'affilée, puis de faire deux repas complets en moins de huit heures. Il vaudrait mieux répartir les « prises » en trois fois, et sur douze heures. On se préoccupe toujours de « l'équilibre calorique ». On ferait beaucoup mieux de s'inquiéter de la répartition dans la journée.

Q. : Et les déjeuners pris au bistrot, à la va-vite?

H.G. : Les cantines et les snacks n'ont pas su s'adapter au rythme de la vie moderne. Ils sont incapables de servir un repas complet, café compris, en vingt minutes. C'est pourtant ce que demandent les gens aujourd'hui. En plus, on y mange mal, une cuisine traditionnelle et bête. Par chauvinisme, personne n'a voulu s'adapter à la cuisine américaine. On y trouve donc de faux « bons plats français ». Au lieu de s'inspirer des méthodes américaines standardisées, les bistrots et les cantines truquent. Or un bon hot-dog sera toujours meilleur qu'un steak accompagné de frites graisseuses ou d'un petit salé trop cuit et à demi pourri !

Q. : La télévision nuit-elle aussi au « bien manger » ?

H.G. : C'est certain. Le soir, par exemple.[...]

Q. : Nous mangeons plus mal qu'avant. Soit. Mais le mouvement va-t-il en s'aggravant ? Et la cuisine française reste-t-elle néanmoins saine ?

H.G. : Les gens ont perdu le goût de bien manger. Pas l'envie. Les femmes n'ont plus beaucoup de temps. Mais les livres de recettes ne se sont jamais aussi bien vendus. Ce qui prouvent qu'elles ont envie de faire de bons plats. Quand on reçoit, on ouvre le livre de cuisine. C'est presque devenu un réflexe.

La cuisine française est lourde : on y trouve beaucoup de beurre cuit, d'huile, de sauces. On fait tout revenir dans du beurre. Mais une nouvelle cuisine française est en train de naître, plus légère, plus intelligente. Nous vivons un moment très important : la cuisine française est sur le point de sortir de la « bouffe ».

Après la Première Guerre mondiale, on a voulu copier la cuisine du XIXe siècle, sans en avoir tous les ingrédients. On y a introduit des techniques modernes. Jusqu'en 1939, on a continué à copier, à faire du faux XIXe, abondant, dégoulinant de sauces pesantes. La guerre a eu des conséquences alimentaires considérables. Auprès des jeunes surtout, de tous ceux qui avaient souffert de la faim. Dans les années 50, quand l'abondance est revenue, il s'est produit peu à peu une espèce de revanche, on a recommencé à beaucoup manger.

Puis les jeunes nés après la guerre ont été un peu dégoûtés. Les

hommes sont devenus coquets, ils devaient être minces et les femmes maigres. C'était le temps du « steak-salade ».

Nouvelle révolution : on s'est mis à couvrir les viandes d'herbes de Provence. C'était le début des vacances dans le Midi. Puis bientôt le retour du manger paysan : navarin, bœuf en daube, etc. Les truqueurs, les pseudo-restaurants et les snacks bidons ont tout gâché : il n'est pas facile de faire un bon navarin...

Aujourd'hui, tout cela est terminé. Le tableau du mangeur du XIXe siècle, qui « s'enfilait » douze plats de suite, va complètement disparaître. Il existe encore dans le cœur des Français. Il est mort dans les faits.

Pensez : au siècle dernier, on mourait à 40 ans, avec des ventres comme des ballons. Nous, toujours dans nos petites autos, sans jamais prendre l'aire, sans faire d'exercice, nous ne pouvons plus vivre ainsi. Eux faisaient du cheval, marchaient, chassaient, et déjà ils mouraient apoplectiques.

Extrait d'une enquête de Richard Cannavo, Patrick Mahé
et Patrick Miler, *France-Soir*, 8 février 1975
1975 *France-Soir*

à votre avis...

1. En quoi les changements entre le XIXe siècle et le XXe dans l'éducation des filles ont-ils influencé la cuisine ?
2. Discutez cette opinion : « Seules les femmes peuvent faire de la bonne cuisine, les hommes en sont incapables ». Dans ce contexte, discutez la phrase : « En cuisine, comme en tout, les femmes ne sont pas douées d'invention. »
3. L'appauvrissement de la cuisine familiale est-il nécessairement un mal ?
4. Examinez les conséquences que peut avoir sur la cuisine la disparition des domestiques.
5. Comparez la répartition des repas dans la journée chez les Anglo-Saxons et chez les Français.
6. Comment mangeaient les Français au XIXe siècle ?
7. Que prenez-vous pour le petit déjeuner ? Prenez-vous le dîner en regardant la télévision ? Pourquoi ?
8. Aimez-vous les grands repas et la bonne cuisine ? Discutez votre opinion.

V

politique et sociétés

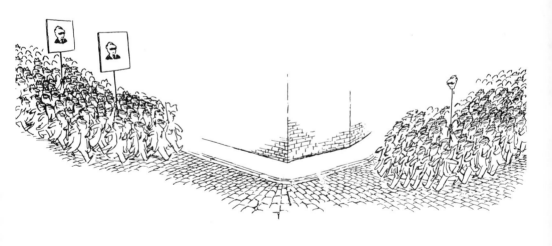

vocabulaire
DE POLITIQUE ET SOCIETES

Un pays = un état

le pouvoir ≠ le peuple = les citoyens = la nation
le régime politique (fasciste, démocratique, socialiste, communiste)
le chef d'état = le président
son gouvernement : les ministres[1]
le parlement = les députés, les sénateurs = le congrès
les partis : à gauche (communistes, socialistes)
           au centre (libéraux, radicaux)
           à droite (conservateurs)[2]
être de gauche, du centre, de droite
être gauchiste (l'extrême gauche) ≠ être fasciste (l'extrême droite)

Les élections

voter, le droit de vote
la campagne électorale
élire
être élu = remporter une victoire ≠ être battu = essuyer une défaite
démissionner = quitter son poste

La politique intérieure

un événement politique *issue*
une manifestation, manifester
déclencher une émeute *start a riot*
faire une révolution
la domination
la ségrégation, le racisme, être raciste

La politique étrangère

les relations internationales, avec l'étranger
la diplomatie, un diplomate, un ambassadeur
les frontières
négocier (des négociations) = passer des accords avec un autre pays
l'émigration ≠ l'immigration
déclarer la guerre ≠ faire la paix
les armes, les avions, la bombe atomique
l'indépendance ≠ la dépendance

[1] *Gouvernement* en français est équivalent de « administration » en anglais. « Government » se dit en français *l'état*.
[2] Remarquez bien le sens en français de *libéral* et aussi l'orthographe de *conservateur*.

conquérir = vaincre ≠ être vaincu
la colonisation
l'Occident
le Moyen-Orient
l'Asie
le Tiers monde

exercices
SUR POLITIQUE ET SOCIETES

I Placez les mots qui conviennent dans les phrases suivantes.

Autrefois, la France avait un roi, maintenant, le chef de... est
un... Il est aidé par... Les Français votent pour les... La France
a donné leur... aux pays qu'elle avait colonisés. Un... représente
le gouvernement dans les pays étrangers. Il y a beaucoup de...
politiques : les... sont à gauche et les... à droite.

**II Changez les mots en caractères gras, suivant les indications
entre parenthèses.**

1. **La dépendance** de certains pays peut être une cause de
   guerre. (≠)
2. Les Français **ont conquis** l'Algérie en 1830. (=)
3. Il n'y a pas de problème d'**émigration** ici. (≠)
4. Il faut **déclarer la guerre** à nos ennemis. (≠)
5. C'est un journaliste de politique **étrangère**. (≠)

III Faites des phrases utilisant les mots donnés.

1. le peuple, élire
2. le droit de vote, république
3. négocier, diplomate
4. la colonisation, le racisme
5. les partis, les députés

IV Définissez les mots suivants et donnez des exemples.

1. une manifestation
2. une guerre
3. une révolution
4. des élections
5. la ségrégation

**V Décrivez le système gouvernemental français. Faites des
recherches pour préparer cet exposé.**

BENOIT RAYSKI

Si Israël cessait d'exister ?

Dans une guerre ordinaire, le vainqueur pourra occuper le territoire du vaincu, mais ce dernier existera toujours. C'est en cela que la guerre entre Israël et les pays arabes est différente. Si Israël est vaincu, il n'existera plus...

Et si Israël cessait d'exister ? Après quatre guerres (1948, 1956, 1967, 1973) remportées sur le monde arabe par l'Etat hébreu, l'idée paraît incongrue et absurde. En effet, on admet communément que les Israéliens ne peuvent être vaincus puisque leur défaite signifierait la disparition de leur nation : ils seraient donc condamnés à vaincre sous peine de périr. De là à en déduire[1] que l'armée israélienne est, et sera toujours, plus combative que celle de ses adversaires, il n'y a qu'un pas trop aisément franchi. Car rien — et les Israéliens le savent — n'est jamais acquis pour l'éternité, et l'Histoire (pour laquelle vingt-cinq ans, l'âge d'Israël, ne comptent guère) a déjà vu disparaître des royaumes et des empires que leurs contemporains croyaient bâtis dans le roc.[...]

Il s'est passé cette semaine à l'O.N.U. un événement politique et psychologique d'une importance capitale et qui a dû ébranler les certitudes confortables de certains sur l'avenir de l'Etat d.Israël. A la tribune des Nations Unies, un homme, Yasser Arafat, leader des Palestiniens, a fait applaudir par la presque totalité des délégations représentées un programme très simple : substituer à l'Etat juif d'Israël, un Etat palestinien. Dans ses propos, il n'y avait rien d'ailleurs de très surprenant mais le fait essentiel est que, à quelques exceptions près, le monde ait enregistré et, peut-on penser, accepté l'idée qu'Israël pourrait un jour cesser d'exister. Jamais la solitude diplomatique et politique de l'Etat israélien n'a été aussi grande et aussi lourde de conséquences que ces derniers jours. Le discours d'Arafat a eu en effet le mérite de poser le véritable problème et la solution de ce problème a été envisagée par une très grande majorité des Etats membres de l'O.N.U. comme passant par une disparition éventuelle d'Israël.

[1] **De là à en déduire :** Passer de cette idée à la déduction...

Que les Israëliens rendent à la Syrie le Golan, à l'Egypte le Sinaï et à la Jordanie la rive ouest du Jourdain ne changerait rien à l'affaire. Il est bien normal que les Etats arabes cherchent à récupérer leurs territoires perdus mais aujourd'hui on voit bien où est le drame : une nation arabe (la Palestine) qui n'existe pas encore, sinon à l'état de projet, annonce que sa place est à prendre sur celle d'Israël. Ainsi, toute solution négociée entre Israéliens et Arabes se heurte maintenant à une sorte d'impossibilité conceptuelle. Israël refuse de discuter avec Arafat : sur quelle base le ferait-il puisqu'il ne reconnaît pas les Palestiniens ? Arafat refuse de négocier avec Israël : pourquoi le ferait-il puisqu'il proclame que cet Etat doit dis-paraître ? C'est pourquoi les arguments diplomatiques semblent pour le moment inopérants, on reparle d'un nouveau conflit au Proche-Orient. La guerre serait certes la pire des issues, mais il est évident que les Nations Unies ont perdu il y a quelques jours le pouvoir (si tant est qu'elles[2] l'aient jamais eu) de l'empêcher.[...]

Extrait du *Journal du Dimanche*, 17 novembre 1974

---

[2] **si tant est qu'elles :** Si en fait elles...

à votre avis...

1. Quand a-t-on rendu Israël aux Juifs ? Peut-on considérer que c'était leur terre ?
2. Quel est le point de vue des Arabes ?
3. Pourquoi la solution à ce problème est-elle particulièrement difficile à trouver ?
4. Quel est le rôle théorique des Nations Unies ?
5. Pensez-vous que les Nations Unies aient réussi à remplir leur rôle ?
6. Quelle est la position des pays étrangers (et particulièrement du vôtre) dans la guerre entre Israël et les Arabes ? Etes-vous d'accord avec cette position ?
7. Que pensez-vous du rôle que le Tiers monde commence à jouer dans la politique internationale en général ?

JACQUES RENARD

Pour les Américains, un micro-sommet

En automne 1974, les présidents Giscard et Ford se sont rencontrés à la Martinique. A cette occasion, Jacques Renard explique ce que représente la France aux yeux de nombreux Américains : un petit pays pas très important. C'est une vérité qui peut être dure pour les Français.

Pour une immense majorité d'Américains, la France c'est quelque chose de tout petit et de très loin, à quoi il n'est absolument pas nécessaire de penser sans arrêt pour mener une existence normale et confortable.

Il y a quelques jours, un journaliste français est allé interviewer les mineurs de charbon, en grève dans les montagnes de Virginie occidentale, à une centaine de kilomètres seulement de Washington. Intrigué par son accent, un mineur lui a demandé : « Mais quelle sorte d'anglais parlez-vous donc en France ? »

Il serait inutile et cruel de multiplier les exemples. Mais il faut quand même donner un aperçu de ce que l'on pense de la France et du président Giscard d'Estaing à Grand Rapids (Michigan), terre électorale chère au président Gerald Ford, le Chamalières[1] des « States ». J'ai interrogé au téléphone le rédacteur en chef du « Press », le journal local. M. Osborne ne m'a pas caché que le sommet de la Martinique ne préoccupait pas spécialement ses concitoyens bien qu'un voyage aux îles de « Jerry » ne puisse les laisser totalement indifférents. On estime également à Grand Rapids que le nom de Paris a quelque chose de fascinant.

Quelques sondages téléphoniques à Los Angeles et à San Francisco révèlent cependant qu'on y est particulièrement désolé de n'avoir pas grand'chose à dire sur la France et son président : « Nous sommes très loin ici et puis nous avons nos propres problèmes. Essayez plutôt sur la côte est, les gens y sont peut-être plus concernés par la France. »

C'est vrai. Mais uniquement dans les milieux très spécialisés. C'est le cas de certains fonctionnaires du département d'Etat, de

---
[1] **Chamalières :** Ville natale de Giscard d'Estaing.

certains journalistes de politique étrangère des grands quotidiens de la côte est, de certains amateurs de bonne cuisine, de quelques rares politiciens et d'un humoriste qui a longtemps et bien vécu à Paris, Art Buchwald. La plus récente image de la France,[2] telle qu'ils la voient : la tour Eiffel émergeant à peine d'un tas de poubelles croulantes d'ordures, des montagnes de sacs postaux en souf-france.[...]

Extrait du *Figaro*, 14 décembre 1974

à votre avis...

1. Etes-vous d'accord avec l'auteur : la France n'intéresse qu'une très petite minorité d'Américains ?
2. Quels types d'Américains s'intéressent à la France ? Lesquels la visitent ?
3. Les Américains de l'est s'intéressent-ils plus à la France que ceux de l'ouest ? Pourquoi ?
4. Les Américains s'intéressent-ils à d'autres pays étrangers ? Lesquels ? Pourquoi ?
5. Qu'imaginez-vous quand vous pensez à la France ?
6. Pourquoi étudiez-vous le français ?
7. « Le nom de Paris a quelque chose de fascinant. » Développez cette observation.

[2] **La plus récente image de la France :** A cause des grèves des postiers et des ramasseurs d'ordures.

JEAN-JACQUES SERVAN-SCHREIBER

Le Défi communiste

A l'occasion des élections du printemps 1974, la gauche, et donc les communistes, est presque venue au pouvoir. Ils ont acquis et gardent en France une très grande popularité.

A 0,50% près, les communistes, au mois de mai, ont failli venir au pouvoir en France, avec leurs alliés. Et si des élections générales avaient lieu aujourd'hui, selon toute vraisemblance, ils y viendraient.

Ainsi, trente années de « croissance économique » et d'élévation constante, réelle, du niveau de vie n'ont pratiquement rien changé au fait, fondamental, qu'un Français sur cinq vote communiste.[...]

Ce n'est pas grâce à une quelconque suprématie de leur doctrine, ni de Marx ni de Lénine, ce n'est pas même le désir d'établir ici une société communiste, mais l'explication est bien plus simple : les militants communistes ont « le contact », s'occupent des gens, les écoutent, leur parlent, les soutiennent, *sans compter ni leur temps ni leur énergie.*

Qu'ils soient au sommet ou qu'ils soient à la base, aucun n'est enfermé dans son bureau, tous, ils sont sur le terrain, en prise directe avec la vie quotidienne, et chacun de ses problèmes, de ceux et de celles qui les entourent, dans la ville, dans l'usine, dans le quartier, dans l'administration, la municipalité, la coopérative, le syndicat. Ils sont là, dans la vraie vie. Ce qu'ils professent, leur doctrine compte à peine ; ils sont là et *ils accordent toute la considération nécessaire et tout le temps qu'il faut.*

Les communistes vivent avec les gens et s'intéressent à eux. C'est tout, mais tout est là.[...][1]

Extrait de l'*Express*, 7–13 octobre 1974

---

[1] **tout est là :** L'essentiel est là.

à votre avis...

1. Qu'est-ce que le communisme ?
2. Selon Servan-Schreiber, quelle est la manière dont les communistes entrent en contact avec les gens ?
3. Comment pourrait-on contrebalancer l'influence des communistes ?
4. Y a-t-il beaucoup de communistes dans votre pays ? Que pense-t-on d'eux ?
5. Pourquoi certains pensent-ils que le communisme est une menace ?
6. Quels sont les autres systèmes politiques que vous connaissez ? Définissez-les et opposez-les.

MARCEL RIOUX

Québec: un avenir à construire

Pour résister à l'influence des Anglophones, les Ca-
nadiens français du Québec se sont enfermés au XVIIIe
et XIXe siècles dans les traditions et la religion...

C'est autour de deux axes — indépendance nationale et réformes
radicales de la société — que de plus en plus de Québécois essaient
de bâtir un projet collectif d'existence. Il semble bien difficile de
dissocier ces deux transformations : que serait un Québec indépendant où n'auraient pas cessé l'exploitation et l'aliénation ? Comment réaliser la transformation de la société sans l'indépendance
politique ? Pendant ce temps, les tenants de l'idéologie de rattrapage, les libéraux d'ici, du Canada et des Etats-Unis déploient
tous leurs efforts et leurs moyens — qui sont grands — pour per-
pétuer la domination et la dépendance. Les plus irréalistes croient
que le Québec pourrait conserver sa langue et sa culture tout en
étant aux ordres d'Ottawa et de Washington.

C'est dans la métropole du Québec, Montréal, où le combat le
plus dur se joue ; les francophones qui comptent pour au-delà de
80% de la population du Québec sont réduits à 64% à Montréal, les
anglophones y dominent l'industrie, la finance, le grand commerce
et attirent les nouveaux immigrants dans leurs rangs ; de plus en
plus de francophones fréquentent les écoles et les universités anglophones ; les chaînes de télévision et de radio américaines y pénè-
trent librement. L'américanisation de la vie quotidienne s'y poursuit ; par exemple, plus de 65% des films que voient les Québécois
sont américains ; 55% sont présentés en anglais ; les Québécois
s'américanisent tout autant au contact de l'« American way of life »
des Américains même que des Canadiens dont l'américanisation est
très avancée.

En face de toutes ces menaces, les Québécois font preuve d'un
vouloir-vivre collectif qui reste impressionnant. Depuis le début des
années 60, la société et la culture québécoises ont donné des signes
de grande vigueur ; on peut dire que c'est justement la prise de conscience de faire partie d'un peuple dominé et dépendant qui pousse

la plupart des créateurs à s'engager dans une critique pratique de leur société et à se donner comme des révélateurs de la culture québécoise. Que ce soit dans le cinéma, la poésie, les arts plastiques, le théâtre, la chanson, les Québécois donnent des œuvres d'une grande originalité qui prouvent que cette culture pourrait se développer et contribuer de façon significative à la civilisation occidentale ; si le Québec devenait une société normale, cette créativité pourrait s'étendre à la politique, à l'économie et à l'organisation même de la société. Parce que cette société capitaliste industriellement avancée s'est faite presque sans eux, ils sont plus à même de la critiquer et d'inventer des façons de vivre plus humaines et plus justes. La classe ouvrière québécoise est devenue, en l'espace de quelques années, la plus dynamique d'Amérique du Nord ; elle ressent son exploitation, non seulement au niveau national, mais plus que d'autres classes, son exploitation comme classe sociale ; c'est elle qui se trouve au bout de cette chaîne qui commence aux Etats-Unis, passe par l'Ontario et se termine chez les ouvriers québécois.

La pratique religieuse a brutalement baissé depuis quelques années ; la natalité aussi. Comme le Québec possède une économie plus fragile que la plupart des régions d'Amérique du Nord — du fait de la domination et de l'exploitation étrangères — l'immigration est en baisse et l'émigration en hausse. Seul un projet collectif, qui galvaniserait les énergies et dévoilerait un avenir à construire, un pays à bâtir avec la participation de toutes les classes de la société, pourrait contrer les effets délétères de deux siècles de colonisation. Rien n'est encore tout à fait gagné.[...]

Extrait du *Monde Diplomatique*, janvier 1975

à votre avis...

1. Que pensez-vous de la domination des anglophones ?
2. Pourquoi pensez-vous que les francophones fréquentent les écoles et les universités anglophones ?
3. Pensez-vous que le Québec puisse devenir un pays indépendant ? Pourquoi ?
4. Quelles autres solutions peut-on trouver pour résoudre le problème québécois ?
5. Quels sont les avantages et les inconvénients d'avoir les Etats-Unis comme voisin ?
6. Le problème des francophones est-il seulement un problème de langue ? Qu'y a-t-il d'autre ?

MURIEL DECHAVANNE

Ces Vacances qui font peur aux parents

Les jeunes partent loin, en voyage libre, et les parents s'inquiètent. Françoise a fait un voyage en Israël qui a été très satisfaisant, presque trop puisqu'elle n'avait plus envie de rentrer...

Françoise Q., 25 ans. Partie à 21 ans pour un mois en Israël. Y est restée trois mois. Porte avec désinvolture le jean et la chemise cowboy. Souhaite pouvoir toujours voyager. N'habite plus en famille depuis ses 19 ans. A un second métier d'été : guide de voyages. Avant son grand voyage, ne partait déjà plus en famille, mais avec des copains. « C'était en 1969. J'avais 21 ans, envie de m'offrir des vacances très loin et de quoi[1] me les payer, parce que tout en terminant ma licence d'anglais, j'avais travaillé à mi-temps comme secrétaire d'un médecin. Une amie de fac partait pour Israël, j'ai décidé d'aller avec elle. Mes parents ont tout fait pour empêcher mon voyage. Ils étaient inquiets, parce que c'était peu après la guerre des Six Jours. Ils n'ont pas réussi à me décourager. Au contraire, je suis partie encore plus vite. Nous avons pris un charter. Bien décidées à vivre l'aventure jusqu'au bout dans sa réalité et ses difficultés. Nous savions que traverser Israël, en allant de kibboutz en kibboutz, n'était pas un jeu, mais c'était le seul moyen de connaître réellement ce pays. Nous avons séjourné d'abord dans un kibboutz au nord du pays près de la frontière libanaise. Un changement de vie radical, inimaginable de loin. La vraie communauté avec huit heures pleines de travail quotidien dur et primitif. J'ai appris des tas de choses : le travail aux champs avec par exemple la cueillette des pommes dans l'arbre à 3h du matin. A partir de 9h on ne cueille plus sous peine d'insolation. J'ai appris à me lever avant l'aube...

« Nous dormions en dortoirs et nous étions censés nous coucher très tôt, mais nous nous réunissions par petits groupes — un peu plus hippies que les autres — et nous faisions de la musique ou bien nous discutions. Des discussions passionnantes jusqu'à tard dans la nuit. Il y avait beaucoup de jeunes de passage comme nous, des

---

[1] **de quoi** : Assez d'argent.

Américains surtout, et quelques Allemands, pas de Français. Les Israéliens, eux, vivaient là à longueur l'année, souvent depuis long-temps, et faisaient prospérer le kibboutz. Quelques-uns avaient des enfants. Tous élevés au kibboutz en communauté, loin des adultes, superbes et heureux dans leur petit monde bien à eux. Une heure par jour de rencontre parents-enfants semblait suffire aux uns et aux autres. La vie était épuisante mais fascinante. J'ai pu tenir le coup un mois, alors que j'étais aussi peu préparée que possible à un tel rythme. Pourtant la nourriture, très bonne d'ailleurs, n'était pas chargée en calories : des yaourts de chèvre, beaucoup de fruits, des pastèques surtout, très peu de viande et toujours blanche. Dans la journée, on nous apportait toutes sortes de sirops de fruits frais sur nos lieux de travail, c'était très agréable.[...]

« Je vivais de rien ou presque ; j'avais mon argent du départ, puisqu'au kibboutz j'avais gagné ma subsistance. Je faisais du stop pour visiter les environs, un jour je me suis baignée dans la mer Morte : c'est un souvenir fantastique ! On flotte sur l'eau comme une baudruche, pas question de nager — et on en sort raidi par le sel. Après ce bain je me suis « dessalée », en me trempant dans une calanque d'eau pure descendant d'une source. J'étais presque seule dans cette merveilleuse petite crique entourée de montagnes, je ressentais une extraordinaire impression de paix et de sérénité.[...]

« J'ai tout de même fini par reprendre l'avion. Trois mois que j'étais partie... pour un mois. Je m'en allais au moment où je com-mençais à me sentir étrangement et profondément chez moi dans ce pays, tout en n'étant pas de leur race. J'avais un cafard noir et pour-tant j'étais raisonnable, je rentrais.

« Dès mon retour à Paris, j'ai eu envie de reprendre mon sac à dos. Et cette envie ne m'a plus jamais lâchée. Depuis, j'ai fait beaucoup de voyages dans le monde.[...]

« Cinq mois par an je suis guide au Club Méditerranée et au retour je retrouve Paris, sa grisaille et tout ce qui est conventionnel que j'ai besoin d'oublier ailleurs. Mon organisation 5/7 (5 mois par-tie, 7 mois à Paris) me convient parfaitement. Elle est très loin des ambitions, mais je fais ce qui me plaît. Et cela je l'ai appris grâce à ce premier grand voyage. J'ai appris l'énergie, le sens des valeurs, la liberté et surtout le choix. »

La mère de Françoise dit : « J'avais une grande angoisse : la guerre. Savoir ma fille dans ce pays si peu tranquille m'épouvantait. Tout s'est bien passé et ce voyage a sûrement été bénéfique. Fran-çoise était partie à la fois pour vivre le ventre au soleil et pour fuir Paris. Et parce qu'elle a toujours besoin de contacts nouveaux. Elle a toujours les mêmes goûts, les mêmes lubies, les mêmes départs joyeux, les mêmes retours moroses... mais c'est son rythme et elle l'aime. »

Extrait de *Elle,* 3 juillet 1973

à votre avis...

1. Quels sont les différents moyens de voyager moins cher ?
2. Qu'est-ce que c'est qu'un kibboutz ?
3. Quels sont les avantages et les inconvénients du système de vie de Françoise ? Aimeriez-vous mener une telle existence ?
4. Ce genre de voyage est-il pour les jeunes une manière de satisfaire leur goût du risque ?
5. Quelle réaction vos parents auraient-ils si vous vouliez entreprendre un voyage de ce genre ?
6. Quel est le pays que vous désirez le plus visiter ? Pour quelles raisons ? Dans quelles conditions souhaiteriez-vous y aller ?

VI

information
et culture

vocabulaire
D'INFORMATION ET CULTURE

La presse

un journal, une revue, un magazine
les lecteurs, les lectrices   *reader*
être abonné à un journal, une revue, etc.   *to subscribe to*
rédiger un article   *to write*
une rubrique (politique, économique, etc.)   *topic*
un compte-rendu   *report*
un reportage
les nouvelles
une annonce, les petites annonces   *ads*
les illustrations : les photographies, les dessins humoristiques, les
    bandes dessinées   *comic strips*
le rédacteur, le journaliste, le reporter   *writer*
une critique (l'article), un critique (l'auteur de critiques)
un humoriste
humoristique, instructif
citer, une citation

La télévision

les téléspectateurs
une chaîne (trois chaînes en France)
une émission   *broadcast*
un programme (ensemble des émissions)

La radio

les auditeurs
une station

La photographie

le photographe prend des photo(graphie)s
un appareil photo(graphique)[1]
une pellicule   *roll of film*
développer, tirer des photos
les négatifs

---

[1] Attention : un *appareil* pour la photographie, une *caméra* pour le cinéma.

La littérature

novel

un roman, une nouvelle, un poème
un romancier, un poète

Les Beaux Arts

la peinture, un peintre (peindre un tableau avec de la peinture)
la sculpture, un sculpteur (sculpter une statue)
l'architecture, un architecte (faire les plans d'une maison)
le dessin, un dessinateur (dessiner) *drawing*
la subvention *subsidy*

Les spectacles

assister à un spectacle (de théâtre, de cinéma, de cirque, etc.)
dans un théâtre, la scène, les coulisses, *backstage wings* les décors, la salle
Les spectateurs applaudissent.
les répétitions (répéter)
l'opéra, un chanteur, une chanteuse
le ballet, un danseur, une danseuse
un concert, un musicien, une musicienne
un instrument de musique (jouer du violon, de la guitare, etc.)
le théâtre
L'acteur et l'actrice jouent une pièce (de théâtre).
la mise en scène (le metteur en scène) *placing direction, director*
le cinéma
On projette le film sur un écran.
On filme avec une caméra.

une œuvre, un chef d'œuvre
être, devenir célèbre
créer, imiter, révéler, illustrer
le talent (avoir du talent)

exercices

SUR LE VOCABULAIRE D'INFORMATION ET CULTURE

I Mettez les mots nécessaires.

1. Ce journaliste ... un article pour une ... qui a beaucoup de ... fidèles.
2. Dans mon ... je lis les ... pour m'informer de l'activité politique et sociale et les petites ... pour trouver un appartement.

3. La ... de cette pièce est excellente et elle rendra tous les acteurs ...

4. Il y aura à la télévision un ... de la conférence de presse du président.

5. Son fils ... violon dans un grand orchestre.

II Répondez aux questions par des phrases complètes.

1. Qui dirige les acteurs ?

2. Où vont les acteurs quand ils quittent la scène ?

3. Que font les spectateurs quand ils sont satisfaits ? Quand ils ne le sont pas ?

4. Que fait-on pour préparer un spectacle de théâtre ?

5. Qu'est-ce que les « téléspectateurs » ?

III Décrivez l'activité de ces personnes avec le plus de détails possibles.

1. le photographe

2. la flûtiste

3. un architecte

4. un reporter

5. un auditeur

IV Faites des phrases utilisant les éléments donnés.

1. rédiger, rubrique, lecteurs

2. compte-rendu, révéler, informations

3. cet auteur, imiter, chef d'œuvre

4. illustrer, un roman, un peintre

5. acteurs, répéter, metteur en scène

V Posez au moins cinq questions au sujet de la culture et de l'information de votre pays.

La Presse et les jeunes

Il existe en France de nombreux journaux d'information, et d'autres que l'on appelle « d'opinion » à cause de leur tendance politique. Toute cette presse est écrite pour les adultes, les journaux pour les jeunes traitent rarement de problèmes « sérieux ». On peut se demander quelle presse les jeunes lisent et s'ils se sentent concernés par les problèmes politiques, économiques ou sociaux. Voici une série de réactions de jeunes gens variés.

Comment les jeunes perçoivent-ils la presse et comment en usent-ils ? La réponse n'est pas évidente : la jeunesse est un milieu fluctuant, mal défini, non-structuré, qui désigne les 15–25 ans en général.[...]

Ils ont dit :

« Moi, je regarde INF 2[1] parce qu'il y a un beau journaliste... »

« Pendant la journée de travail, je n'ai pas le temps. Quand je rentre le soir, je regarde la télé. »

« Si mes parents n'achetaient pas le journal, je ne l'achèterais pas non plus. »

« Les journaux ! Tous dans le même sac. On s'en fout complètement. »

« C'est aux gars qui vendent les journaux de nous en faire de meilleurs. »

« C'est plus reposant d'écouter les informations que de les lire. »

« On s'en fiche, du moment qu'il y a ce qui se passe au cinéma. »[2]

« Quand on ne lit pas le journal tous les jours, on est paumé. »

« Si y'a pas de journal, y'a pas[3] d'homme. »

« Messmer[4] ne s'occupe pas de moi, alors je ne vois pas pourquoi je m'intéresserais à lui. »

« La politique, ça ne me concerne pas ; c'est pour les initiés. »

[1] **INF 2 :** Les informations de la deuxième chaîne.
[2] Dans le journal, cette personne s'intéresse exclusivement au programme des cinémas et aux critiques de films.
[3] **y'a pas :** Il n'y a pas.
[4] **Messmer :** Premier ministre à l'époque.
[5] **Lucky Luke :** Journal de bandes dessinées.

« Deux lignes de Lucky Luke,[5] c'est mieux que deux lignes de Messmer ou de Mitterrand. »[6]

« Les faits divers, ça au moins c'est véritable, on reconnaît les copains dedans. »

« Les faits divers nous intéressent parce que ce sont des choses « vraies », qui nous touchent, qui sont proches de nous. »

« Quand on voyait les photos des cadavres de l'accident d'avion, c'était intéressant. »

« C'est très important les photos. Avec un peu de chance, on peut être sur une. »

« La page des jeunes ? De toute façon, elle ne traite pas de vrais problèmes et, en plus, elle n'a aucune saveur. »

« Il faut attendre qu'on soit ancien de quelque chose pour que la presse s'intéresse à nous. »[...]

« La presse, c'est une affaire d'adultes. »

Extrait de l'*Education*, 16 mai 1974 (numéro spécial)

à votre avis...

1. Le groupe dans lequel vous vivez s'intéresse-t-il aux journaux ? Expliquez votre réponse.
2. En quoi les faits divers sont-ils intéressants ?
3. Les photographies sont-elles importantes ?
4. A votre avis, est-ce que la presse est « une affaire d'adultes » ?
5. Etes-vous d'accord avec la définition de la jeunesse (milieu fluctuant, etc.) ? Est-ce la même chose pour la génération de vos parents ?
6. Préférez-vous lire les journaux ou regarder les nouvelles à la télévision ? Pourquoi ?
7. Quels journaux ou revues conseilleriez-vous à un étranger qui veut bien connaître les Etats-Unis ?

---

[6] **Mitterrand :** Chef du parti socialiste.

J. P. MARUHENDA

Comment s'informent les Français

La majorité des adultes semble considérer qu'il est nécessaire de s'informer. Mais comment le font-ils ? Préfèrent-ils lire, écouter ou voir les nouvelles ? Combien de journaux lisent-ils ? Un journaliste a posé toutes ces questions à de nombreux Français. Nous vous présentons les réponses d'un avocat parisien, nous avons omis les autres interviews contenus dans l'article.

Les sociétés contemporaines se caractérisent par une consommation massive d'information.

Les hommes d'aujourd'hui sont des collecteurs d'information. L'information est-elle donc un quatrième pouvoir ?

Ces assertions, ces questions font partie de « l'esprit du temps », mais que sait-on des habitudes d'information des Français ?

— En 1971, 68% des Français lisent au moins un quotidien national ou régional (en 1955, les résultats publiés par la revue *Sondages*, donnaient 80% de lecteurs pour la presse quotidienne).

— Entre 20 heures et 20h30, on estime à plus de 20 millions le nombre des téléspectateurs à l'écoute des émissions de la première chaîne et à près de 8 millions pour la seconde chaîne.

— En 1971, près de 62% des Français écoutent à un moment ou à un autre une station de radio (12 millions de récepteurs). A titre de comparaison, 83% de la population allemande lit régulièrement un quotidien et le même pourcentage lit au moins un périodique. En Grande-Bretagne, on estime que 100 lecteurs lisent 181 quotidiens, il n'est donc pas rare qu'un Anglais s'informe auprès d'un journal du matin et d'un journal du soir (pratique peu usitée en France). On estime aussi (selon le *Political and Economic Planning*), que les Britanniques consacrent en moyenne (toutes habitudes confondues), quatorze heures par semaine à la télévision, et neuf heures à l'écoute de la radio, quatre heures à la lecture des journaux.

En général, on estime également que les femmes lisent moins de quotidiens que les hommes, les gens âgés moins que les jeunes, les ruraux moins que les citadins, les personnes de faible niveau d'instruction moins que celles qui ont bénéficié d'une instruction plus longue.[...]

Les habitudes d'information viennent se loger dans ce qu'on nomme le « temps libre », défini négativement par les statisticiens : c'est celui qui n'est consacré ni au travail, ni aux nécessités physiologiques ni aux obligations familiales et civiques, etc. Selon les enquêtes menées par l'INSEE[1] en 1967–1968, il semble bien que le temps consacré à l'usage des moyens d'information représente toujours (au moins dans les pays européens et d'Amérique du Nord) entre le tiers et la moitié du temps libéré. En revanche, il est très difficile d'évaluer le temps de lecture. Les moyennes par définition regroupent des habitudes très dissemblables.

En juillet 1967, une enquête de l'IFOP[2] indiquait que le Français type (âgé de quinze ans et plus), consacrait environ cinquante-deux minutes par jour à la lecture, se répartissant comme suit : dix-sept minutes pour les livres, vingt-deux minutes pour les quotidiens, et treize minutes pour les magazines. Toutefois, la même consultation indiquait que 53% des Français n'ouvraient jamais un livre.

En ce qui concerne la radio, il semble bien que les Français l'utilisent en moyenne une heure et demie par jour, les femmes se montrant cependant des auditrices plus assidues.

En fin de compte, il est bien délicat de se représenter les pratiques concrètes que les Français observent à l'égard de l'information.[...]

Un avocat parisien, 60 ans

Question : Comment vous tenez-vous au courant de l'actualité ?
Réponse : Je lis les journaux, j'écoute la radio, je regarde la télévision tous les jours. Le lundi, je reçois *Le Nouvel Observateur*,[3] auquel je suis abonné.

— A quel moment de la journée ? Quel temps y consacrez-vous ?

— Le matin, j'écoute à 7 heures les informations d'« Europe N⁰ 1 » et à 8 heures celles de « France-Inter », tout en me rasant. A 13 heures, je regarde le journal télévisé pendant mon déjeuner. Vers 19 heures, après mon travail, j'achète *Le Monde*[4] que je lis dans le métro et à la maison. A 19h45, je regarde en famille « 24 heures sur la une », sur la première chaîne. Puis je reprends *Le Monde*, la télévision allumée. La lecture du *Monde* me prend environ une heure et demie. La télévision m'occupe une heure à peu près.

[1] **INSEE** : Institut National des Statistiques et des Etudes Economiques.
[2] **IFOP** : Institut Français de l'Opinion Publique.
[3] *Le Nouvel Observateur :* revue hebdomadaire de gauche.
[4] *Le Monde :* Quotidien d'information très sérieux, beaucoup lu en France et à l'étranger.

— Lisez-vous un journal, un magazine ? Lequel ? Quelles rubriques ?

— En plus du *Monde* et du *Nouvel Observateur*, lus régulièrement, j'achète occasionnellement *Le Canard Enchaîné*,[5] ceci pour la presse d'information et d'opinion. Sur des sujets qui m'intéressent davantage comme la finance et le droit, je me renseigne en lisant *La Semaine Juridique, La Gazette du Palais* et *L'Opinion Economique et Financière.* Dans les revues d'information, je m'intéresse surtout à la politique extérieure, aux procès, à la finance. A la radio, je n'écoute que les informations ; jamais la musique ni les programmes.

A la télévision, mon attention se relâche après les informations du soir ; mais le poste reste allumé pour ma femme et mes enfants. Cependant, si le programme proposé est un débat ou une émission scientifique, je m'y intéresse. Mais, j'ai horreur des variétés.

— Considérez-vous comme utile, important, nécessaire, le fait de s'informer ?

— Oui, cela permet de se tenir au courant des événements qui façonnent le monde.

— Faites-vous confiance aux moyens d'information ? Lesquels ? Que pensez-vous des journalistes ?

— Cela fait vingt ans que j'achète *Le Monde*, je ne m'en plains pas. Avant, j'achetais le *Canard* très régulièrement, mais j'ai cessé. C'est un peu toujours les mêmes plaisanteries. J'aime bien *Le Nouvel Observateur*, où les articles de fond sont publiés avec le recul d'une semaine.

Je fais confiance aux journaux, mais pas totalement. Certains peuvent avoir des idées préconçues ou avantager des groupes de pression politiques et économiques. Les journalistes ne sont pas entièrement indépendants de leur rédaction. De plus, ils cherchent plutôt à attirer qu'à informer. C'est regrettable. Pour vérifier les informations, je fais des recoupements entre la radio, la télévision et les journaux. Je crois que la radio est plus libre que la télévision, moins dépendante du gouvernement, plus crédible donc. En cas de crise, la radio, plus souple, est la première sur l'information, « Europe N° 1 » surtout.

Dans la télévision toutes les chaînes se valent. Mais je regarde la première parce que l'horaire me convient mieux.

— Les sujets d'actualité constituent-ils pour vous un sujet de conversation ? Avec qui ? En parlez-vous sérieusement ou non ?

— J'en parle dans ma famille avec mon fils et avec des confrères au Palais. Très rarement avec des étrangers. La première et la dernière fois, c'était en mai 1968 avec des auto-stoppeurs. En général, ce sont des discussions théoriques avec mon fils sur la violence,

---

[5] *Le Canard Enchaîné :* Hebdomadaire satirique et humoristique.

la fraude plus que des discussions politiques sur un événement précis.

— Votre conjoint a-t-il les mêmes habitudes d'information que vous ?

— Ma femme lit des magazines féminins. A la longue, elle s'est habituée au *Monde* et au *Canard Enchaîné*. A la radio et à la télévision, elle aime bien suivre les émissions de variétés. Là, nos goûts diffèrent.

— Votre conduite est-elle influencée par ce que vous avez lu ou entendu?

— Je cite souvent un article du *Monde* comme source d'information. Mais en y réfléchissant, je ne sais pas si ces articles ne viennent pas renforcer des idées déjà ancrées en moi. En matière financière, un article de *L'Opinion Economique et Financière* peut m'orienter dans mes achats en Bourse. Mais, je ne crois pas avoir changé d'avis à la suite d'un article ou d'une émission à la radio ou à la télévision.[...]

Extrait de *Presse-Actualité*, février 1974

à votre avis...

1. Pensez-vous que les adultes doivent s'informer ? Pourquoi ? A partir de quand est-on adulte ?
2. Les adultes que vous connaissez lisent-ils les journaux par devoir ou par plaisir ?
3. Pourquoi pensez-vous que les femmes lisent moins de journaux que les hommes ? Pourquoi écoutent-elles plus la radio ?
4. Aimez-vous lire ? Les journaux, les livres ? Etes-vous surpris que 53% des Français n'ouvrent jamais un livre ?
5. Quelle est la valeur des statistiques ?
6. Que pensez-vous de la radio ? Est-elle démodée et remplacée par la télévision ?
7. Décrivez la manière dont vos parents s'informent.
8. Quelle influence la télévision, la radio et les journaux ont-ils sur vous ?

GILLES PLAZY

Le Triomphe des images

La télévision, le cinéma, la photographie ont pris une grande place dans la vie moderne et l'enseignement en particulier ne peut plus se faire sans images. C'est surtout le cinéma qui domine de plus en plus.

J'aimerais connaître les 3% de lycéens que le cinéma ennuie. Ou ce sont des imbéciles absolus que rien n'intéresse, ou ce sont des aveugles, ou bien ce sont des intellectuels réfractaires à ce qui de nos jours paraît le plus naturel, ou bien encore ce sont des êtres habités d'un esprit de contradiction qui les pousse à dire ce qu'ils ne pensent pas. C'est l'intérêt de tout sondage d'opinion que de nous donner à penser, à rêver même. On a toujours tort de n'y voir que la sécheresse des chiffres, la mise en cartes et en tableaux de la vie. La vie est là, derrière les chiffres, cernable, mais insaisissable.

Le cinéma, c'est la vie, affirmait naguère une publicité qui ne voulait pas dire grand'chose. Le cinéma, ce sont des images projetées sur un écran (ou diffusées par la télévision) et que l'on regarde plutôt passivement. C'est un pan imaginaire de la vie, une autre vie héroïque ou comique. C'est en tout cas le vecteur essentiel de la culture des jeunes d'aujourd'hui qui, presque unanimement, déclarent s'y intéresser. Il faudrait être naïf pour être surpris par cette prédominance qu'un minimum de bon sens pouvait laisser deviner et que les sociologues et philosophes, Mac Luhan[1] en tête, ont mise depuis longtemps en évidence.

Pourtant, cette quasi-unanimité dont bénéficie le cinéma — quels que soient l'âge, le sexe et le milieu social — n'avait jamais été à ce point démontrée. Non, Monsieur Malraux,[2] la culture n'est pas ce qui reste quand on a tout oublié, ce n'est pas le fruit de la connaissance intellectuelle et de l'expérience pratique. C'est même le contraire : ce qui nous est donné au départ, ce qui nous est imposé par la société dans laquelle nous vivons. Le cinéma, en quelques décennies, a pris la relève de la littérature orale qui dans les classes

[1] **Mac Luhan :** Théoricien des moyens de communication.
[2] **Malraux :** Ancien ministre de la culture.

les plus pauvres a subsisté jusqu'à la dernière guerre et de la littérature écrite qui est tout de même restée essentiellement un phénomène bourgeois, malgré la très grande diffusion des almanachs et brochures dans les milieux ruraux et ouvriers.

Car telle est la grande nouveauté de la culture cinématographique : elle franchit toutes les barrières sociales, comme seules peuvent le faire les grandes mythologies. Car c'est bien ainsi qu'il faut la considérer, puisque le western et le film de science-fiction à eux seuls emportent 41% des suffrages et si on leur ajoute le film policier et le film d'aventure on atteint 61%. La seconde place accordée aux films comiques ne peut qu'ajouter à notre conviction : c'est le divertissement qui prime, au sens pascalien du terme, l'arrachement à la réalité quotidienne.

Quelles que soient nos réactions crispées d'intellectuels, rien n'est plus normal, rien n'est plus sain : toute culture est faite de mythes et de rires.

Il resterait cependant encore à analyser pour quelles raisons le western, qui ne concerne pas directement leur histoire nationale, peut avoir une telle importance dans la vie des lycéens.

La place occupée par la musique et la télévision (laquelle est en partie un moyen de diffusion du cinéma) confirme l'efficacité du système audio-visuel qui fait aller de pair la puissance imaginaire et la puissance technique et financière. L'intérêt pour la littérature, et particulièrement pour la poésie, montre par contre la résistance de l'écrit et la persistance du pouvoir des mots. Ceci est finalement assez réconfortant. Comme l'est aussi le très surprenant suffrage obtenu par la peinture. Car le fait que près de la moitié des lycéens déclarent s'intéresser beaucoup à la littérature et à la peinture était certainement moins prévisible que le succès du cinéma. Que la politique ennuie ou indiffère presque les trois-quarts des lycéens aura par contre de quoi décevoir[3] ceux qui pouvaient espérer que la politisation était plus générale. Seuls les plus âgés, et dans les villes, pour l'instant sont vraiment touchés. Mais qui pourrait s'étonner que les plus jeunes préfèrent un western à une manifestation ?

Pour chacune des choses suivantes, pouvez-vous dire si vous vous y intéressez beaucoup, si cela vous laisse indifférent ou si cela vous ennuie ?

	INTERESSE BEAUCOUP	INDIFFERE	ENNUIE
le cinéma	95%	2%	3%
la musique	75%	16%	9%
la télévision	71%	18%	11%
le théâtre	54%	32%	14%
la peinture	45%	41%	14%
la littérature	45%	30%	25%
la poésie	36%	38%	26%
la politique	28%	31%	41%

En ce qui concerne le cinéma, pouvez-vous classer ces différents genres par ordre de préférence ?

le western	27%
le film comique	20%
le film de science-fiction	14%

[3] **aura... décevoir :** Pourra décevoir.

le film policier	10%
le film d'aventure	10%
la comédie dramatique	7%
le dessin animé	6%
le documentaire	3%
la comédie musicale	2%
le film érotique ou pornographique	1%

Extrait du *Quotidien de Paris*,
21 janvier 1975

à votre avis...

1. Demandez à vos camarades de répondre au questionnaire. Comparez vos résultats à ceux du texte.
2. Que pensez-vous des 3% que le cinéma ennuie ?
3. Qu'est-ce qu'un western : décrivez et donnez des exemples. Pourquoi les westerns ont-ils du succès ?
4. Pour quelles raisons, à votre avis, le cinéma a-t-il plus de succès que le théâtre ?
5. Quels sont les gens qui sont contre la télévision, et pourquoi le sont-ils ?
6. Quels sont les différents types de musique ? Que préférez-vous ? Est-ce aussi le choix de vos contemporains ?
7. Quel rôle jouent les images dans les études que vous suivez ? Qu'en pensez-vous ?

M. T. GUICHARD

La Prison aux trois chaînes

La télévision a pris une place importante dans la plupart des familles, dans beaucoup de pays. A la suite d'un attentat contre un émetteur, de nombreux Bretons ont été privés de télévision pendant le mois de février 1974. Des enquêteurs ont étudié les réactions des habitants et ont apporté des précisions surprenantes.

Que se passerait-il si la télévision cessait d'exister ? Certains Bretons l'ont déjà expérimenté. Des sociologues ont étudié leur cas.[...]

De nombreuses familles bretonnes se sont donc retrouvées aux heures habituelles autour de la table familiale, face à l'écran vide. Avec un sentiment de frustration d'autant plus vif que certains villages, voire certains quartiers d'une même ville « sinistrée », avaient été « couverts » par un émetteur de fortune. « On est au bout du monde, quoi.[1] Paumés », résumait un téléspectateur furieux, comme s'il avait été injustement exclu d'une grande communauté. « Parce que d'habitude, il vit au même moment que les autres le même événement, il a conscience de faire partie intégrante d'un groupe immense, le public », explique M. Pierre Corset, chargé de recherche à l'ORTF.[2]

Ce public est en réalité bien disparate. Face à l'écran, il n'existe pas de comportement type. Tout dépend du niveau socio-culturel et du style de vie. Mme Nicole Casile, chargée d'études auprès de la 3e chaîne, a classé en trois groupes les téléspectateurs interviewés :
— Ceux qui ont le plus souffert de l'absence de télévision : les personnes âgées, les femmes au foyer et les jeunes enfants. « Si ça continue, je déménage », lança une vieille dame à son mari avant d'émigrer chez ses enfants. Réaction démesurée, peut-être, mais, pour les personnes âgées, l'absence de télévision a pris parfois un tour tragique. C'est que pour certains couples, elle est pratiquement l'unique sujet de conversation. Sans elle, la nuit vient plus vite, mais pas le sommeil. Et les insomnies que chassent d'ordinaire les veillées prolongées sont revenues.

---

[1] **au bout du monde, quoi :** Au bout du monde, vous savez. (langue parlée)
[2] **ORTF :** Office de la Radiodiffusion et Télévision Françaises.

Les femmes au foyer se sentent soudain dévalorisées. Ce qu'elles font habituellement avec entrain et rapidité en attendant le film ou les actualités régionales se transforme en ternes corvées.

Et puis il y a les enfants, surtout les plus jeunes, que l'on confiait volontiers à cette nounou électronique et que, soudain, on ne peut plus priver de publicité en guise de punition. Leur désarroi prend parfois des formes inattendues : « Quand on regardait la télé, ça nous donnait des idées ; on allait jouer aux jeux qu'on nous avait montrés », explique Michel, 10 ans.

— Ceux qui ont pris leur mal en patience : les familles avec enfants de 12 à 18 ans et les couples sans enfants.

Ce sont les téléspectateurs du mercredi[3] et du week-end, qui sélectionnent leur programmes. Ainsi, Daniel, passionné de cinéma : « Le dimanche, j'allume le poste à 14h30 pour le film de la 2e chaîne. Ça se termine à 16 heures. Je fais une pause, puis je regarde l'autre film sur la 1re, jusqu'à 19 heures. Et quelquefois les deux films après le dîner. »

Faute de télévision, ceux-là se sont plongés dans le bricolage ou la lecture. Mais sans enthousiasme. « On voit mieux comment ça se passe à l'écran que dans un livre, explique l'un d'eux. On n'a pas besoin d'imaginer ni de faire d'effort. »

— Ceux qui ont été le moins privés : les cadres et les jeunes de 18 à 20 ans, sauf rares exceptions. C'est qu'ils n'étaient déjà pas de grands consommateurs d'images. Certains ont même profité de l'événement pour une rupture définitive. « La télé, c'est fini », a ainsi assuré un professeur d'anglais de Douarnenez. Quand les enquêteurs de l'ORTF sont retournés chez lui deux mois après la remise en route de l'émetteur, son appareil était toujours débranché. Cas exceptionnel. Parce que tant que la télévision existe chez les autres, il est difficile de l'ignorer.

Des Allemands en avaient fait l'expérience voici deux ans : 184 familles s'étaient engagées, moyennant finances, à renoncer à la télévision pendant un an. Les quinze premiers jours, ce fut l'euphorie. Mais aucune famille ne passa de cap des cinq mois. Un petit Breton de 12 ans, Jean-Claude, a eu cette phrase terrible : « Sans télé, j'aime moins vivre. »

Extrait du *Point*, 21 octobre 1974

---

[3] **mercredi :** Jour de congé scolaire.

à votre avis...

1. Faites des recherches et préparez un exposé sur la Bretagne : sa situation géographique, historique, linguistique.
2. Seriez-vous frustré par l'absence de télévision ? En quoi ?
3. Pourquoi certaines personnes sont-elles contre la télévision ? Etes-vous d'accord avec ce point de vue ?
4. Qu'est-ce que la télévision peut apporter de positif ? Quels types d'émissions préférez-vous ?
5. Que pensez-vous de la télévision pendant les repas en famille ?
6. Avez-vous beaucoup regardé la télévision quand vous étiez petit ? Etait-ce bon ou mauvais pour vous ?
7. Préférez-vous lire un livre ou le voir sous forme de film ? Expliquez votre préférence.

Hélène Rochas: des goûts et des parfums

L'architecture dans les villes anciennes constitue souvent un problème délicat et la construction de bâtiments modernes à côté des anciens devient quelquefois un véritable crime.

Entre le baroque et le mauvais goût, le pas est vite sauté.[1] Et parfois involontairement. C'est ce qu'a pensé Hélène Rochas quand elle est passée, un matin, rue François Ier, devant la nouvelle façade des parfums Rochas. « J'ai d'abord hésité entre le rêve et l'hallucination. Pendant treize ans, je me suis appliquée à donner une image de qualité et de goût à cette maison. Puis je l'ai cédée à une société. Et les nouveaux dirigeants ont conçu ça... » Ça : cette immense façade dont l'originalité, ni même un certain esthétisme ne sauraient être mis en question, mais dont l'apparition a provoqué étonnement puis remous parmi les fidèles du quartier, habitués à sa sobre rigueur. Et de « ça », Hélène Rochas, qui est totalement étrangère désormais aux parfums Rochas, ne veut pas être tenue responsable.

Extrait de *Elle,* 3 juin 1974

à votre avis...

1. Pensez-vous qu'il soit important que l'état (le service des Beaux-Arts) contrôle la construction et la rénovation, ou au contraire que l'on doit être libre ?
2. Comment comprenez-vous les notions de « bon goût » et « mauvais goût » ? Donnez des exemples.
3. Expliquez les sentiments d'Hélène Rochas.
4. Que pensez-vous de l'architecture de votre école ? Du point de vue esthétique ? Pratique ?
5. Décrivez une construction qui vous choque.
6. Décrivez l'architecture d'un appartement ou d'une maison que vous aimeriez habiter, ainsi que sa décoration et son ameublement.

[1] **le pas est vite sauté :** C'est un passage que l'on fait vite.

R. G.

La Politique culturelle, precieux atout des Français

La culture française a eu et a encore une grande influence dans le monde entier. Dans ce texte, il s'agit particulièrement de la position de la culture française au Japon.

La littérature française est traduite à peu près tout entière en japonais, et nos auteurs modernes sont presque aussi lus au Japon que les auteurs japonais eux-mêmes. La connaissance de l'art français s'étend jusque dans les couches profondes de la population : un chauffeur de taxi connaîtra Matisse et Rodin. Les orchestres jouent fréquemment notre musique, la jeunesse chante nos chansons. Si l'on ajoute le cinéma, la mode, la cuisine, etc., on peut dire que la France est la première au Japon pour son rayonnement culturel.

Nous aurions tort, cependant, de nous endormir sur ces lauriers. Notre influence tend à baisser. Notre littérature et notre peinture d'aujourd'hui atteignent moins les masses que dans l'entre-deux-guerres : elles sont trop abstruses. Pour les Japonais passionnés de technique et de science, l'image de la France comme celle d'un pays d'esthètes a besoin d'être complétée, et nous nous y efforçons, par la découverte de la France des ingénieurs et des savants. Même sur le plan littéraire et linguistique, il y a des problèmes, et notre action culturelle a besoin de certaines impulsions nouvelles.

La langue française est absente de l'enseignement secondaire japonais : voilà le fait majeur qui va à l'encontre de sa diffusion. Malheureusement, les Japonais ne portent pas assez d'intérêt et ne font pas assez d'efforts pour l'enseignement des langues vivantes. Les lycéens japonais apprennent l'anglais et c'est tout. C'est se bercer d'un espoir illusoire[1] que de croire que l'on pourrait diminuer la part de l'anglais, ou persuader les autorités japonaises de faire

---

[1] **se bercer d'un espoir illusoire :** Se faire des illusions.

enseigner le français comme une seconde langue au niveau du secondaire. Le français ne sera sans doute jamais qu'une langue facultative au Japon, apprise par des volontaires appartenant à une élite.[...]

Extrait du *Monde Diplomatique*, décembre 1974

à votre avis...

1. En quoi peut-on être satisfait de l'influence culturelle française au Japon ? Quels sont les points inquiétants ?
2. Pensez-vous qu'il soit important pour un pays d'avoir une influence culturelle sur les autres pays ?
3. Quels sont les pays les plus influents culturellement dans le monde moderne ?
4. Quelle est l'image culturelle de la France à l'étranger ?
5. Qu'est-ce que les touristes veulent trouver en France ?
6. Pourquoi considère-t-on dans tous les pays que la connaissance d'une langue étrangère est une base culturelle essentielle ?

JEROME SAVARY

Le Grand Magic Circus

Le théâtre a beaucoup changé au cours des dernières années. On a fait de nombreuses expériences qui ont eu plus ou moins de succès, mais dans l'ensemble, on recherche une simplification du théâtre en supprimant souvent les décors, les rideaux et même les fauteuils des spectateurs !

Depuis cinq ans qu'il existe, à travers six spectacles et des centaines d'animations, le Magic Circus est resté fidèle à lui-même. Non pas de cette fidélité bête et stérile qui consiste à reproduire inlassablement, d'année en année, un même schéma parce qu'il a eu du succès et qu'on ne court ainsi aucun risque, mais de cette fidélité qui consiste à créer, évoluer, vieillir au besoin, en restant fidèle à ses principes, principes qui peuvent eux-mêmes évoluer, principes vivants et non lois (un des principes justement du Magic Circus étant de ne pas tenir compte de la loi).

Quels sont ces principes ?

Je crois que le premier est le respect de l'acteur en tant qu'individu. Au Circus, comme dans le théâtre élisabéthain ou la Commedia dell'Arte, on ne choisit pas tel acteur pour tel rôle, mais on écrit le rôle pour l'acteur. L'acteur compose lui-même son personnage et souvent même « dit » son propre texte d'où cette vitalité dans le jeu qu'ont les gens du Circus. Ils s'intéressent à leur personnage, évoluent avec lui, peuvent éventuellement l'abandonner parce qu'il ne les intéresse plus. N'ayant plus le rempart d'un personnage et d'un texte imposé, l'acteur du Circus est ouvert sur le spectateur et dialogue avec lui.

L'absence de texte écrit, l'absence d'auteur est le deuxième principe du Circus. Pour une raison économique d'abord, l'auteur percevant 10% des recettes gagnerait ce que gagnent six acteurs du Circus et pour quelqu'un qui reste chez lui, le cul dans son fauteuil à refaire le monde, pendant que les acteurs jouent par monts et par vaux[1] dans les frimas, nous trouvons ça immoral. Un spectacle du Circus, comme tout objet vivant, a une naissance, une vie, une mort.

Il évolue en même temps qu'évolue la perception, par la troupe, du « sujet traité ».[...]

---

[1] **par monts et par vaux :** Voyager beaucoup et dans toutes sortes de circonstances.

Pour nous le théâtre ne s'écrit pas. Il se vit au jour le jour, se récrit tous les soirs (et puis, éventuellement, se retranscrit).

Quand un acteur quitte le Circus en cours de spectacle (pas de contrat chez nous, on vient et on part quand on veut) il transmet son rôle par la *transmission orale* comme chez les conteurs orientaux. Un exemple : Vendredi (dans Robinson Crusoé) était interprété par un Argentin. Il nous quitta et fut remplacé par une fille noire, Inno. D'homme, le personnage devenait femme, de blanc il devenait noir. Inno construisait son Vendredi à elle et ne reprenait pas, comme cela se fait presque partout ailleurs « a second hand character ».

Absence d'un auteur ne veut pas dire absence d'auteurs. Pour tous les spectacles du Circus, il y a eu des auteurs. La troupe elle-même d'abord qui construit collectivement ses personnages, ses gags, ses interventions. Puis « Pépé Savary » qui sert de gare de triage et injecte ses propres wagons. Le public, enfin, qui écrit lui aussi le spectacle à sa manière, en le modelant par ses réactions, ses rires, ses émotions.[...]

La musique, elle aussi, est composée et jouée par le Circus lui-même. Nous refusons la bande magnétique, symbole de reproduction mécanique, donc de mort (ne serait-ce que la mort du musicien).

La priorité à ce que les Anglais appellent « entertainment », la distraction, le rire, est un autre de nos principes. L'ennui est le pire des remparts.[...] Le Circus vit depuis cinq ans, de ce que lui donne le public. Le jour où le public cessera de venir nous voir, le Circus cessera d'exister. Ça semble logique, et pourtant combien de troupes jouent dans des salles vides depuis des années grâce aux *subventions*. Les subventions, le Circus pendant cinq ans n'en a pas vu le jour.[2] Dans un sens cela a forgé notre caractère, nous obligeant à jouer fréquemment, à concevoir des spectacles simples, mobiles, jouables n'importe où, économiques. Surtout au départ d'une expérience artistique l'économie est une bonne école. Elle oblige à chercher l'essentiel.[...] On joue avec plaisir au Circus, parce que c'est le music-hall sans être l'usine, parce que les gens rigolent et parce que c'est agréable de gagner sa vie en faisant rigoler les gens. On joue avec plaisir parce que, derrière la rigolade, il y a autre chose et je ne vous dirai pas quoi parce que vous n'avez qu'à le trouver vous-même...

Le plaisir de jouer c'est aussi de ne pas jouer trop longtemps la même chose. « De Moïse à Mao » notre dernier spectacle était un tel succès qu'on aurait pu le continuer au moins un an. Nous avons préféré créer un nouveau spectacle.[...] Et puis jouer avec plaisir, c'est prendre des risques. Risques qu'on vous dise que c'est moins bien, différent, etc.

[2] **n'en a pas vu le jour :** N'en a pas vu du tout.

Jouer avec plaisir, c'est s'adapter aux lieux qu'on vous propose. Il n'y a plus de salle polyvalente à Paris. C'est une ville où l'espace coûte trop cher. Alors le Circus, cette fois-ci, a décidé de jouer dans un vieux théâtre et sans enlever les fauteuils parce qu'on n'est pas snob. (Il est aussi con de transformer un théâtre en garage qu'un garage en théâtre.) Il faut jouer là où on se trouve, et faire jouer les lieux avec vous.[...]

Quant aux prix des places, ils sont, bien sûr, trop élevés à notre gré. Mais il faut rappeler que le Festival d'Automne ne « subventionne » pas le Circus. Alors, au risque de paraître vulgaire, je conclurai, en espérant de tout mon cœur et au nom du Circus, que ce soir, avec nous, vous en « aurez pour vos sous »...[3]

Extrait du programme du Grand Magic Circus,
Festival d'Automne 1974

---

[3] **vous en aurez pour vos sous :** Votre argent ne sera pas gaspillé. (*fam.*)

à votre avis...

1. Que pensez-vous de l'abandon du texte écrit ?
2. Vous semble-t-il immoral que l'auteur touche 10% des recettes ?
3. Pourquoi refusent-ils la bande magnétique ? Qu'en pensez-vous ?
4. Que pensez-vous des subventions gouvernementales pour les arts ?
5. Pourquoi allez-vous ou n'allez-vous pas au théâtre ? Qu'est-ce que le théâtre représente pour vous ?
6. Racontez votre première expérience de spectateur d'un théâtre professionnel.
7. Aimez-vous jouer dans des pièces de théâtre ? Pourquoi ? Est-il important d'aller au théâtre quand on joue en amateur ?
8. Comparez le théâtre et le cinéma, le théâtre et la télévision.

VII

qualité de la vie

vocabulaire
DE LA QUALITE DE LA VIE

la ville (petite, grande, moyenne) ≠ la banlieue, la campagne
la cité, les citadins
le centre ≠ la périphérie
les quartiers
l'agglomération urbaine, l'urbanisation
le logement
apt. building   l'immeuble avec des appartements ≠ la maison particulière
la tour, le gratte-ciel ≠ les espaces verts, les jardins
les habitants

les transports en commun *ou* publics : le métro, l'autobus, le train
les transports privés : la voiture, la circulation, le stationnement (se
    garer), l'essence, le pétrole
le conducteur = le chauffeur
sidewalk   le trottoir, les piétons, la rue piétonne

l'urbanisation, l'industrialisation, le progrès
la croissance, la productivité = la stabilité, l'équilibre ≠ la dimi-
    nution
l'inflation, la récession, la dépression, le chômage *(unemployment)*
augmenter ≠ diminuer, baisser (la baisse)
le coût *(cost)* de la vie, la consommation (consommer), le niveau *(standard)* de vie

l'écologie
le bruit, la saleté *(dirt)*, la pollution, l'air vicié
le recyclage des matières premières
la surpopulation ≠ le contrôle des naissances, la croissance zéro
la violence ≠ l'ordre
les agressions : le vol *(theft)*, le viol *(rape)*, le meurtre
la police, le policier ≠ le voleur, l'agresseur, le criminel, l'assassin,
    le voyou *(hoodlum)*

exercices
SUR LA QUALITE DE LA VIE

I Mettez les mots qui conviennent.

Nous habitons Paris. C'est une grande ... dont le centre est occupé par des bâtiments administratifs et des ... très chers. Il y a des ... où les enfants peuvent jouer. Certains préfèrent habiter la ... où on peut trouver une maison avec un petit ... Il y a beaucoup de voitures malgré la crise du ..., mais on ne peut pas trouver de place pour ... Les ... marchent sur les trottoirs. La ville est divisée en différents ... Il faut faire attention, surtout la nuit, parce qu'il y a des ... et des ... comme dans toutes les grandes villes.

II Répondez aux questions par des phrases complètes.

1. Quels sont vos sentiments envers les jeunes voyous ?
2. Qu'est-ce qui est responsable de la pollution ?
3. Comment se manifeste l'inflation ?
4. Qu'est-ce que le chômage ?
5. Quels sonts les avantages des transports publics ? Privés ?

III Faites des phrases utilisant les éléments donnés.

1. logement, immeuble, centre
2. inflation, augmenter, chômage
3. automobile, se garer, trottoir
4. agresseur, attaquer, bourgeois
5. le coût de la vie, baisser, la campagne ?

IV Posez cinq questions sur une ville que vous ne connaissez pas. Un autre étudiant répondra.

V Décrivez les aspects agréables et désagréables des grandes villes.

ROBERT FRANC

Les Français jugent leur ville

Dans la société moderne, de plus en plus de gens vivent dans les villes. On peut se demander s'ils en sont satisfaits, s'ils aiment leur ville et la façon dont elle se développe, ce qu'ils n'aiment pas. Nous vous proposons quelques résultats d'un sondage destiné à mieux connaître l'opinion des habitants sur « leur » ville.

Les habitants des grandes villes semblent plutôt satisfaits de leur sort : deux d'entre eux sur trois jugent en effet « très ou plutôt agréable » de vivre dans leur ville, et affirment qu'ils n'ont aucune envie de la quitter avant leur retraite. Le présent est peint en rose, même si l'avenir paraît plus sombre pour la majorité des 4,367 personnes interrogées dans quinze agglomérations françaises.[...]

Mais la France s'est-elle engagée irrésistiblement dans la voie dangereuse des mégalopoles américaines ? Ce n'est pas sûr. Une vision plus modérée, plus rurale des choses et des hommes va, insensiblement, commencer à modifier le cours des choses. Bien sûr, industrialisation et urbanisation restent les deux mamelles de la France.[1] Mais on ne croit plus de la même façon aux vertus des grands nombres, ni pour les usines, ni pour les cités. On redécouvre les qualités des choses à l'échelle humaine.[...] Au reste, les Français semblent loin de partager le credo de certains adeptes de la croissance zéro. Car pour la majorité des citadins, la croissance démographique représente encore la croissance tout court, c'est-à-dire le progrès.[...]

Alors aujourd'hui, les citadins subissent, sans toujours en être conscients, les conséquences du gonflement démographique trop rapide, souvent aggravé par le retard des équipements. Entre les deux sondages de 1967 et 1974, certains problèmes sont demeurés sans solution, au premier rang desquels ceux posés par l'automobile et les transports. D'autres se sont aggravés, ou sont plus vive-

---

[1] Parodie de la célèbre phrase de Sully (1559–1641), ministre d'Henri IV : « Labourage et pâturage sont les deux mamelles qui nourrissent la France. »

136

ment ressentis, qui figuraient peu ou prou[2] au cahier des doléances[3] de 1967 : le bruit, l'air vicié, le manque d'espaces verts.[...]

Les prophètes de malheur ont-ils raison ? Non, car en dépit de tous ces inconvénients, les citadins se sentent, dans l'ensemble, à l'aise dans leur ville. Et ils apprécient même de façon très positive les changements qui ont, en sept ans, bouleversé souvent de façon heureuse le visage et les mœurs des grandes cités françaises : ces magasins ouverts jusqu'à une heure tardive le soir, ces rues réservées aux piétons où il fait bon flâner, ces petits quartiers sauvegardés, qui retrouvent une nouvelle jeunesse, mais aussi ces exemples, encore rares mais prometteurs, d'une architecture moderne et réussie marquent ce que peut être, en matière d'urbanisme, le vrai XXe siècle, le vrai progrès, quoi ! [...]

Quels sont les trois problèmes les plus aigus dans votre ville ?
En moyenne les habitants des 15 villes concernées répondent :
— circulation   63%
— stationnement   43%
— logement   33%
— bruit   29%
— air vicié   28%
— espaces verts, jardins   22%
— laideur de certains quartiers   21%
— chômage   20%
— écoles et lycées   14%
— possibilité de faire du sport   10%

Pour aller de chez vous au centre de la ville, combien vous faut-il de temps ?
— moins de 10 minutes   20%
— 10 à 19 minutes   41%
— 20 à 29 minutes   22%
— 30 à 39 minutes   12%
— 40 à 59 minutes   3%
— 1 heure et plus   1%

Si vous aviez le choix, préféreriez-vous le centre ou la périphérie ?
— centre   23%
— périphérie   75%

[2] **peu ou prou :** Peu ou beaucoup.
[3] **cahier des doléances :** Autrefois, cahiers de demandes et de plaintes addressées au roi.

Considérez-vous la vie dans votre ville comme agréable ou comme désagréable ?
— très agréable   23%
— plutôt agréable   44%
— ni agréable ni désagréable   18%
— plutôt désagréable   10%
— très désagréable   4%

Quelles sont les trois choses que vous appréciez le plus dans votre ville ?
— les environs   52%
— l'animation des rues commerçantes 38%
— le climat, l'air   38%
— les jardins publics   34%
— les vieux quartiers   30%
— le calme   24%
— les spectacles   19%
— les monuments   18%
— les nouveaux quartiers   14%
— la vie nocturne   3%

Quelles sont les choses qui ont le plus changé au cours des dix dernières années dans votre ville ?
— apparition de nouveaux immeubles 70%
— conditions de circulation   60%
— ouverture des magasins le soir   40%
— modifications architecturales   37%

— apparition de rues piétonnes   34%
— transformations du centre   31%
— espaces verts   24%
— changement dans la vie des quartiers   18%

Considérez-vous les changements survenus dans votre ville plutôt comme une bonne chose ou comme une mauvaise chose ?

	PLUTOT UNE BONNE CHOSE	PLUTOT UNE MAUVAISE CHOSE	NI BONNE NI MAUVAISE
— conditions de circulation	48%	37%	15%
— apparition de rues piétonnes	92%	2%	5%
— ouverture des magasins le soir	85%	6%	8%
— changement dans la vie des quartiers	49%	29%	22%
— apparition de nouveaux immeubles	60%	19%	20%
— modifications de l'architecture	63%	23%	14%
— espaces verts	50%	45%	4%
— transformations du centre	75%	10%	15%

Extrait du *Point,* 10 juin 1974

à votre avis...

1. Résumez dans un paragraphe l'attitude des Français à l'égard de la vie dans les villes.
2. Où habite votre famille ? Est-ce par goût ou par nécessité ?
3. Les villes américaines sont-elles des mégalopoles ?
4. Etes-vous pour la croissance des villes ? Sinon, où les gens vont-ils habiter ?
5. Quels sont les avantages et les inconvénients de la vie en ville ? En banlieue ? A la campagne ? Dans quelle mesure est-ce vrai de l'endroit où vous habitez ?
6. Dans quelle mesure un étudiant choisit-il son université en fonction de l'endroit où elle se trouve ?

RENE BARJAVEL

Vous qui avez froid à la voiture

La voiture est devenue un instrument indispensable de notre civilisation. Mais la pollution et les restrictions de pétrole font penser que l'auto ne gardera peut-être pas cette place privilégiée dans la société. '

L'humanité, depuis qu'elle s'est mise debout sur ses pieds, a vécu cinq millions d'années sans automobiles. Elle peut continuer. Le pétrole n'est qu'un bref épisode, à peine le temps du soupir d'un gigantosaurus. Mais la longueur de ce soupir est celle de notre vie à nous, la génération coincée.

En moins de trente ans, toute notre existence s'est organisée autour de la circulation automobile. Celle-ci est devenue la fonction essentielle du corps des sociétés. Elle a curieusement établi le déplacement perpétuel comme base de leur stabilité. Les habitations de l'homme se sont coagulées en énormes villes immobiles, à cause de l'agitation permanente de ces microbes d'acier qui leur apportent tout ce dont elles ont besoin pour croître : nourritures, matières premières et chair humaine. Les routes et les autoroutes ne sont pas des moyens de décentralisation mais de concentration. Leur courant sanguin fonctionne toujours dans le même sens : il apporte tout à la ville, et n'en rapporte que quelques déchets.

La vitesse, contrairement à ce qu'on prétend toujours, n'a pas aboli la distance : elle l'a créée. C'est parce que la voiture lui permet de se déplacer loin et vite que l'homme d'aujourd'hui habite à trente kilomètres de l'usine ou du bureau où il travaille. Le long de ces trente kilomètres, les parois de l'artère de circulation se durcissent de ciment, des immeubles dortoirs et des usines s'y figent : la ville tentaculaire s'étend le long de la circulation.

Telle est la France actuelle. Et le Français, vertébré mammifère bipède, est devenu un mollusque enfermé dans une coquille quadriroulette. Ses pieds ne lui servent plus que pour appuyer sur l'accélérateur et sur le débrayage. Et parfois sur le frein...

La voiture a modelé la société nouvelle, et remodelé le vieil animal humain. Un brutal étranglement du mouvement automobile

Dans les grands bouleversements, seuls les plus intelligents survivent.

La nature est impitoyable, l'actualité aussi. Il n'y a plus de place pour les mastodontes à petit cerveau, ni pour les grosses voitures qui ne savaient que dévorer du kilomètre en buvant énormément.

Mais il y a beaucoup d'avenir pour les voitures qui savent comprendre leur époque et s'y adapter sans la subir, quelle que soit leur taille.

Les nouvelles Volkswagen sont nées il y a moins de 2 ans. Au moment où tout le monde pensait que l'automobile allait être obligée de choisir seulement l'économie, en sacrifiant d'autres choses pourtant essentielles. Alors, les nouvelles Volkswagen ont choisi d'être économiques (il le fallait) mais sans imposer aucune restriction à leurs utilisateurs. Ce pari difficile, elles l'ont tenu.

Parce qu'elles ont reçu l'appui d'une technologie très avancée : traction avant, 4 roues indépendantes, stabilisateurs de suspension... mais surtout déport négatif du plan des roues avant permettant de garder la trajectoire même avec 2 roues du même côté sur le verglas. Double circuit de freinage en diagonale, mais aussi zones d'absorption de choc avant et arrière...

Et naturellement, taux de compression des moteurs calculé pour rouler à l'essence ordinaire sans perte de nervosité.

En plus, les nouvelles Volkswagen sont garanties un an par contrat, pièces et main-d'œuvre, sans limitation de kilométrage.

Ainsi armées, elles peuvent offrir un service complet, sans rien négliger.

C'est beau, l'intelligence. Ça fait vivre.

VW Polo 5 CV   VW Golf 6 CV   VW Passat 7 CV   VW Scirocco 9 CV

5 places + coffre 300 dm³. 6 et 9 CV - 5 places. 7 et 9 CV - 5 places - 3, 4, 5 portes. 6 et 9 CV - 2 + 2 places - 3 portes.
3 portes.   3 et 5 portes.   Vitesse de pointe 170 km/h (9 CV).   De 0 à 100 km/h en 11 sec. (9 CV).

Volkswagen. Une gamme née de l'actualité.

créerait dans l'un et l'autre des traumatismes graves. Je n'aime guère la voiture, dragon-virus dictateur inconscient empoisonneur et puant, mais justement parce que je lui porte peu d'affection, je peux écrire en toute objectivité que les faibles économies envisagées sur la consommation de l'essence sont sans commune mesure avec les énormes dégâts qu'elles peuvent produire dans la santé de l'économie et le fonctionnement des agglomérations urbaines. L'homme, lui, l'individu, s'adaptera. Il est infiniment malléable. Ce qu'il faut c'est que les mesures qui vont être prises soient surtout faites pour l'habituer progressivement à l'idée que l'automobile est un phénomène non-naturel, passager, fugace, et qui va peu à peu disparaître de sa vie comme une comète au fond du ciel. Il faudra en même temps modifier l'économie et l'urbanisme, casser les villes monstrueuses et les disperser. Rien de cela ne sera facile. Ce sera moins difficile si on dit et fait comprendre aux Français toute la vérité : la crise du pétrole n'est pas seulement une crise, c'est le commencement d'un déclin qui annonce une fin. Mais cette fin peut être pour l'homme un recommencement.[...]

Extrait du *Journal de Dimanche*, 20 octobre 1974

à votre avis...

1. En quel sens la voiture a-t-elle créé les distances ?
2. Est-ce que vous êtes d'accord avec l'auteur, que les autoroutes ne rapporte de la ville « que quelques déchets » ?
3. Le développement industriel est-il aussi négatif que l'auteur le pense ?
4. Une crise de l'automobile indiquera-t-elle la fin de notre genre de vie ? Le commencement d'une nouvelle civilisation ?
5. Pensez-vous que l'automobile soit vraiment « un phénomène non-naturel » ?
6. Quels sont les moyens de transport qui pourraient remplacer l'auto ? Quels en sont les avantages et les inconvénients ?
7. Aimez-vous conduire ? Avez-vous ou voulez-vous une auto ? Est-ce une nécessité pour vous ?

DOCTEUR BASSET

Avortement libre, oui, mais pas gratuit

La Sécurité Sociale est une administration nationale qui paie ou rembourse les frais médicaux, hospitaliers, pharmaceutiques et dentaires des Français. L'avortement est maintenant devenu légal, devrait-il également être gratuit, même quand il n'y a pas de nécessité médicale ?

Les médecins signataires des manifestes, les sympathisants, le M.L.F.[1] demandent tous d'emblée l'avortement gratuit. Cette position assez étrange risque de desservir leur cause, parce qu'elle n'est pas raisonnable.

La Sécurité Sociale n'a pas à prendre en charge des actes n'ayant pas pour but de soigner une maladie. Il me paraît anormal de demander au contribuable et à la collectivité de payer pour une interruption de grossesse (qui n'a rien de pathologique) dans le seul but de soulager une femme — ou un couple — d'un fardeau dont elle — ou il — est seule responsable.

Le grand mot est lâché ! « Les gens sont responsables et doivent le rester... » Nous entendons cette phrase à longueur de journée, depuis quelques années, dans les débats publics ou privés, politiques ou religieux, sociaux ou professionnels. Pourquoi ne serait-elle plus vraie lorsqu'il s'agit des rapports physiques ?

En ce qui concerne la contraception, il serait a fortiori scandaleux de prêter les finances publiques pour l'accomplissement de l'acte amoureux sans risque !

Contraception libre ? Oui. Avortement libre ? Certainement. Mais surtout pas gratuitement, ou alors il faudrait étendre la gratuité à un nombre incalculable d'objets indispensables à notre vie quotidienne. La pilule n'est pas indispensable à tous les couples, ni l'avortement, et de loin. En revanche, et en raisonnant par l'absurde, le pain et la viande sont indispensables. Ils devraient donc être gratuits !

La gratuité n'est concevable, à mon avis, que dans les pays à démographie inquiétante, comme aux Indes ou en Chine, par exem-

[1] **M.L.F.** : Mouvement de Libération de la Femme.

ple ; elle l'est également lorsqu'il s'agit de cas sociaux indiscutables : jeune fille mineure, inceste, viol ; elle l'est, bien entendu, pour tous les cas vraiment médicaux. Elle ne l'est pas pour les femmes qui veulent tout simplement se débarrasser d'un enfant non désiré.

Il est évident que le souci majeur du législateur, en cas de renversement de la situation actuelle, serait d'éviter tout trafic financier, de façon qu'il n'y ait pas d'avortement pour riches et d'avortement pour pauvres. Un tarif pourrait être institué, raisonnable et égal pour tous en même temps que vérifiable. Cette formule reste à créer plus précisément. Elle vaut la peine qu'on y pense.

Lettre à l'Express, 19–25 mars, 1973

à votre avis...

1. L'Angleterre, la France et la plupart des autres pays européens ont un système de médecine nationalisé. Pensez-vous que ce soit mieux ou moins bien que des assurances privées ?
2. La contraception est maintenant gratuite en France. Trouvez-vous cela souhaitable ?
3. Quelle est la différence entre les « cas sociaux indiscutables » et les autres ?
4. Quels sont les problèmes qui justifient l'avortement gratuit dans les pays à « démographie inquiétante » ?
5. Est-il bon que l'avortement soit devenu légal ? Quels groupes sociaux sont contre, et pourquoi ?
6. Faites-vous une distinction morale entre l'avortement et l'euthanasie ?

VICTOR FRANCO

Interview avec Lionel Stoléru

Dans les pays pauvres, le progrès, c'est que tout le monde puisse manger, mais dans les pays riches, on demande encore le progrès, le changement. Que veut-on exactement ? Qu'est-ce que les gens attendent de leur gouvernement ?

Je suis assez frappé par le fait que le désir d'avoir plus est maintenant concurrent avec le désir d'avoir mieux, et avec le désir que tout le monde ait. Ce sont trois désirs différents. Avant, c'était le désir d'avoir plus, maintenant, on entend parler des autres. Regardez les thèmes de la campagne présidentielle de 1974. 1969, c'était la croissance. En 1973 et en 1974, qui a parlé de la croissance ? Tout le monde a parlé de la justice sociale et du changement. La campagne s'est faite sur la justice sociale. Le changement, qu'est-ce que c'est ? Ce n'est pas la continuité de la croissance comme dans les vingt dernières années. Le changement, c'est, entre autres, une société moins énervée, plus humaine, plus juste, plus équilibrée. Ce sont des choses qui, en grande partie, vont de pair avec la croissance, mais qui ne sont pas les thèmes de la croissance maximum.

Quels sont les besoins à satisfaire ?

— D'abord les besoins alimentaires. Après la guerre, tout le monde avait faim. Ensuite les besoins d'équipement du foyer, l'automobile, qui était un bien inconnu et qui est maintenant courant, l'électro-ménager, c'est-à-dire tous les appareils d'équipement du foyer, la télévision. Ce sont des choses tellement naturelles que, maintenant, tout le monde les a, et on considère que c'est naturel. Il y a vingt-cinq ans, c'était des biens rares. Donc, cela, c'est un problème presque résolu, et il fallait qu'il le fût. Ensuite, vous avez l'accès aux vacances et aux loisirs, qui étaient le fait de quelques privilégiés, et qui, maintenant, est quelque chose de très répandu. Vous avez l'accès à la santé, que la Sécurité Sociale a rendu systématique. Il y a des problèmes moins bien résolus : l'accès au logement, qui reste toujours, dans une tranche sociale importante, un problème préoccupant. Il y a l'accès à l'éducation, qui, bien qu'elle soit gratuite, ne correspond pas à ce que l'égalité des chances impliquerait. Vous avez enfin des biens nouveaux qui sont la qualité de la vie, la formation permanente, la mobilité, toutes choses qui sont l'apanage, je ne dirai pas des élites, mais des gens qui se meuvent facilement dans la croissance et qui n'ont rien à craindre de la croissance, alors que pour beaucoup d'autres c'est un problème...

Comment va-t-on faire mieux maintenant ?

— Avec la crise du pétrole, de toute façon, on a changé de type de croissance, qu'on le veuille ou non. Avec ce qu'il faut dépenser chaque année pour payer les pays producteurs, on ne gère pas l'économie de la même manière qu'on la gérait dans les vingt-cinq dernières années. Ce que je veux dire, c'est que quitte à entrer dans une ère nouvelle, il ne faut pas seulement traiter les problèmes que les gens connaissent chaque jour, c'est-à-dire l'inflation, l'emploi, la balance des paiements, etc., mais il faut aussi penser un peu plus loin et prendre le bon cap, notamment sur l'équilibre social de la nation.[...]

Extrait du *Journal du Dimanche*, 22 décembre 1974

à votre avis...

1. « Le désir d'avoir plus est maintenant concurrent avec le désir d'avoir mieux, et avec le désir que tout le monde ait. » Donnez des exemples.
2. Qu'est-ce que c'est que la justice sociale ? L'est-elle dans votre pays ?
3. Décrivez des améliorations possibles de votre société.
4. Qui est satisfait du système social actuel ?
5. La vie économique du pays doit-elle être la première préoccupation d'un gouvernement ? Qu'est-ce qui pourrait avoir priorité ?
6. Pourquoi allons-nous entrer dans une ère nouvelle ? Pouvez-vous l'imaginer et la décrire ?

Les Français
et le bonheur

Voici les résultats d'un sondage sur le bonheur, qui comparent ce qui est nécessaire au bonheur et ce qui le menace. On y voit que pour les Français le bonheur est essentiellement une question privée.

Les sondages, comme les élections, ne donnent pas volontiers la parole aux minorités non-conformistes, et il faut avoir bonne vue pour découvrir des Français intéressés par « les grands principes de la société », attachés à la libération des mœurs (3% !) ou persuadés que le système social actuel fait obstacle au bonheur. Dans leur immense majorité, les Français ne se soucient ni de la « crise du capitalisme » (3% d'inquiets) ni de la disparition des matières premières (4%). Pas plus que le fascisme (2%), le communisme (4%) ne passe dans leurs déclarations.

Pourtant, tout cela est moins simple qu'il n'y paraît. On tire une première surprise de la mise en regard de ces deux listes : celle où ils classent hiérarchiquement les éléments nécessaires au bonheur et celle où ils énumèrent leurs terreurs. Au premier rang des conditions du bonheur, et de loin, la santé ; au dernier rang des craintes pourtant, la maladie ! La paix ne figure pas dans les vœux que les Français expriment, mais la guerre et la bombe atomique leur font vraiment peur. 69% des Français regrettent de n'avoir pu aller plus longtemps à l'école mais 5% seulement font du manque d'instruction l'obstacle principal au bonheur. Et si 30% souhaitent voir disparaître les inégalités sociales, il n'y en a plus que 5% pour y trouver l'occasion de condamner le système social.

Inconséquence ? Pas forcément. Ces distorsions montrent aussi que le bonheur pour les Français, c'est le bonheur privé. Quand on les laisse à la liberté de la question ouverte, ils ne s'aventurent que rarement au-delà du cercle familial. Le bonheur ? « C'est le mari, les gosses, la santé et pas trop de soucis financiers », dit une femme. Et un homme, en écho : « la femme, les gosses, les congés. » La bonne santé, la bonne entente, la bonne retraite et la sécurité du travail composent le tableau d'un bonheur strictement intimiste.

Quand il s'agit, en revanche, de dresser la liste des craintes, l'horizon s'élargit à la nation, ou même au monde. Rares sont les gens qui mentionnent des peurs d'ordre privé, la solitude par exemple ; la terrifiante image du cancer elle-même ne parvient à faire figurer la maladie qu'au dernier rang de cette liste noire. Mais on y voit au premier plan l'agressivité juvénile, la délinquance, la guerre, la bombe atomique...

Comme si le malheur précisément, ne pouvait être que cela : l'irruption de la vie publique dans la vie privée.[...]

Si on vous demandait à brûle pourpoint : « Est-ce que vous êtes heureux ? » que répondriez-vous ?

— très heureux   26%   — très malheureux   1%

— plutôt heureux   63%   — sans opinion   2%

— plutôt malheureux   8%

En vous comparant aux autres Français, vous estimez-vous...

— parmi ceux qui sont plutôt favorisés   20%

— parmi ceux qui sont plutôt défavorisés   9%

— dans la moyenne   70%

— sans opinion   1%

Est-ce que le fait de savoir qu'il y a des gens beaucoup plus favorisés que vous vous gêne...

— beaucoup   3%   — pas du tout   80%

— assez   4%   — sans opinion   2%

— un peu   11%

Et est-ce que le fait de savoir qu'il y a des gens beaucoup moins favorisés que vous vous gêne...

— beaucoup   21%   — pas du tout   19%

— assez   28%   — sans opinion   2%

— un peu   30%

Qu'est-ce que le bonheur pour vous ?

— la santé (réponse tournant sur ce thème)   60%

— la sécurité matérielle, le bien-être (travail, avoir
    suffisamment d'argent)   43%

— le ménage, la famille (bonne entente avec le conjoint et
    les enfants)   38%

— la liberté (vivre dans un pays libre, faire ce que l'on veut)   7%

Plus précisément, pour vous, le bonheur est-il lié avant tout...

— à la santé	47%
— à l'amour	18%
— à l'amitié	11%
— à une vie dans une société juste et harmonieuse	11%
— à la sécurité	5%
— à la réussite professionnelle	4%
— à la richesse	1%
— sans opinion	3%

Dans le monde d'aujourd'hui, dans la société où nous vivons, y a-t-il des choses que vous craignez particulièrement, qui vous font particulièrement peur ?

— oui   76%   — non   24%

Ce qu'ils craignent particulièrement :

— les jeunes (montée de la violence et de la délinquance, perte du sens moral)	37%
— la guerre, la bombe atomique	36%
— l'insécurité (emploi, revenu, avenir des enfants, retraite)	29%
— les accidents de la route	16%
— l'agressivité dans les rapports sociaux (solitude, jalousie, mauvaise foi, compétition)	14%
— la pollution	11%
— la maladie (et notamment le cancer)	8%

Parmi les choses suivantes, quel est selon vous l'obstacle principal au bonheur. Et quelle est la chose qui a le moins d'importance ?

	LE PLUS	LE MOINS
— le manque de temps	11%	25%
— le manque d'instruction	5%	16%
— les conditions de logement	5%	4%
— l'insécurité matérielle	14%	5%
— le manque d'argent	18%	10%
— la solitude	9%	15%
— le système social	5%	5%
— le manque d'intérêt du travail	3%	3%
— l'oubli des vraies valeurs (amitié, générosité)	15%	3%

— les conditions de la vie moderne (air pollué,
bruit, fatigue, etc.)   13%   7%
— sans opinion   2%

Qu'est-ce qui risque le plus de se produire et de provoquer le
malheur de l'humanité ?

— la pollution généralisée de la terre   29%
— la guerre atomique   26%
— la surpopulation de la terre   18%
— la disparition des matières premières   4%
— le communisme   4%
— l'invasion de l'Occident par les peuples des pays
sous-développés   4%
— la crise du capitalisme   3%
— le fascisme   2%
— sans opinion   10%

En ce qui concerne les conditions matérielles d'existence,
diriez-vous que vous vivez mieux, pareil ou moins bien que vos
parents quand ils avaient à peu près votre âge ?

> — mieux   83%   — moins bien   8%
> — pareil   8%   — sans opinion   1%

En ce qui concerne la qualité de la vie, les rapports humains avec
les parents, les amis, les relations, etc., diriez-vous que vous vivez
mieux, pareil ou moins bien que vos parents quand ils avaient à
peu près votre âge ?

> — mieux   36%   — moins bien   36%
> — pareil   25%   — sans opinion   3%

Et en ce qui concerne le travail, qu'est-ce qui contribuerait le plus
à vous rendre heureux ?

— avoir des responsabilités de commandement   6%
— vous établir à votre compte, être votre propre chef   10%
— pouvoir changer de travail selon vos souhaits   5%
— avoir un travail qui vous passionne   40%
— travailler dans une équipe sans hiérarchie, où les décisions
sont prises d'un commun accord   16%
— sans opinion   23%

Si on vous donnait le choix entre réduire votre temps de travail ou gagner davantage, que choisiriez-vous ?

— réduire le temps de travail	40%
— gagner davantage	41%
— sans opinion	19%

En ce qui concerne le temps dont vous diposez, laquelle de ces cinq possibilités contribuerait le plus à vous rendre heureux ?

— habiter à proximité du travail	15%
— la semaine de trente heures	14%
— être libéré des tâches du ménage	8%
— deux mois de congés payés	11%
— être passionné par ce que vous faites au point de ne plus voir la différence entre temps libre et temps de travail	28%
— sans opinion	9%

En ce qui concerne la sécurité dans la vie, qu'est-ce qui contribuerait le plus à vous rendre heureux ?

— la sécurité de l'emploi : être sûr d'avoir toujours un travail et un revenu mensuel convenable	37%
— une assurance couvrant totalement tous les risques de maladie et d'accident	16%
— la certitude d'avoir une retraite convenable à 60 ans	32%
— la certitude de ne pas avoir plus d'enfants que vous en désirez	6%
— sans opinion	9%

En ce qui concerne l'argent et vos revenus, vous personnellement, laquelle de ces quatre possibilités contribuerait le plus à vous rendre heureux ?

— gagner plus d'argent	19%
— que tout le monde gagne la même chose	13%
— qu'il y ait beaucoup de services gratuits pour tout le monde (crèches, piscines, logements, transports, etc.)	
— que l'argent ne compte plus dans les rapports entre les gens	32%
— sans opinion	7%

A votre avis, dans lequel des pays suivants les gens sont-ils le plus heureux ?

— Suisse	43%	— U.R.S.S.	2%
— Etats-Unis	12%	— Chine	1%
— Suède	12%	— sans opinion	20%
— Iles du Pacifique	10%		

Pour vous la retraite est avant tout...

— la possibilité à un certain âge de prendre un repos mérité 51%

— l'occasion de vivre une nouvelle existence en faisant des
choses qu'on n'a pas pu faire pendant sa vie active 43%

— sans opinion 6%

En ce qui concerne les valeurs, les grands principes de notre
société, qu'est-ce qui contribuerait le plus à vous rendre heureux ?

— qu'autour de vous la famille, le travail et la religion soient
mieux respectés 12%

— que règne la plus grande liberté au point de vue des mœurs,
de la façon de vivre, qu'il n'y ait plus aucune censure des
films, livres, etc. 3%

— que disparaissent les inégalités entre les différentes classes
sociales 30%

— qu'il y ait plus d'amitié, plus de générosité, plus de
franchise dans les rapports entre les gens 50%

— sans opinion 5%

Pensez-vous que le fait d'être croyant, de croire en Dieu, contribue
à rendre heureux ?

— oui 54%   — non 39%   — sans opinion 7%

Est-ce qu'il vous arrive de regretter de ne pas avoir eu l'occasion de
faire davantage d'études ?

— oui 69%   — non 30%   — sans opinion 1%

Le fait de pouvoir regarder la télévision, est-ce que cela contribue à
vous rendre heureux ?

— beaucoup 17%   — très peu ou pas du tout 30%
— assez 26%   — sans opinion 3%
— un peu 24%

Pensez-vous que le fait de pouvoir écouter de la musique classique
ou populaire, lire des livres, aller au cinéma ou au théâtre, etc.,
contribue à vous rendre heureux ?

— beaucoup 21%   — très peu ou pas du tout 20%
— assez 33%   — sans opinion 1%
— un peu 25%

Extrait du *Nouvel Observateur*, 3 septembre 1973

à votre avis...

1. Manque-t-il des questions importantes ici ? Y en a-t-il qui sont inutiles ?
2. Comment les Américains auraient-ils répondu ? Et votre génération ? Et vous ?
3. Comment expliquez-vous les « sans opinion » ?
4. Quelles sont les conclusions que l'on peut tirer d'un tel sondage ? Pourquoi est-il intéressant d'avoir des chiffres ?
5. Aurez-vous des enfants un jour ? Si oui, vers quelle sorte de bonheur tâcherez-vous de les orienter ?
6. Est-on heureux quand on n'a pas de problèmes ? Le bonheur est-il l'absence de malheur ?
7. Quels sont les buts de l'homme dans l'existence ? Le bonheur est-il seulement passager ?

lexique

A

abandon (n.m.) doing away with, abolishment

abeille (n.f.) bee

aberrant (adj.) appalling, absurd

abolir (v.t.) to abolish, to destroy

abonner (s') (v. pron.) to subscribe
 être abonné à to subscribe to

aborder (v.t.) to approach

aboutir à (v.i.) to lead to, to result in

abriter (v.t.) to house, to shelter

absenter (s') (v. pron.) to leave, to be absent from

absolu (adj.) absolute, complete

abstenir (s') (v. pron.) to abstain, to refrain

abstrus (adj.) intricate, difficult

accessoire (n.m.) accessory

accompagnateur (n.m.) (f. **-trice**) accompanist

accord (n.m.) agreement, settlement

accorder (v.t.) to give, to grant
 accorder (s') (v. pron.) to reach an agreement, to be agreed

accrocher (v.t.) to hook, to hold on to

accroupi (adj.) squatting, crouched

accueillir (v.t.) to welcome

achat (n.m.) purchase
 centre d'–s shopping center

acier (n.m.) steel

acquérir (v.t.) (p.p. **acquis**) to acquire

actualité (n.f.) current events, news

actuel (adj.) current, present

adapter (s') (v. pron.) to adapt (to, **à**)

adepte (n.m.) apostle, proponent

adhérer à (v.i.) to adhere to, to belong to

admettre (v.t.) to allow, to admit

adresser (s') (v. pron.) to be addressed, to be directed

adversaire (n.m.) adversary, opponent

affaires (n.f.pl.) business
 faire des – to do business

affectif (adj.) emotional

affection : porter – à quelqu'un to be fond of, to like someone

affectionner (v.t.) to be fond of

affectueux (adj.) affectionate

affiche (n.f.) poster

affilé : d'– (adv.) at a stretch, in a row

affolant (adj.) disconcerting, frightening

affoler (s') (v. pron.) to get upset, to worry

affronter (s') (v. pron.) to confront each other

agacé (adj.) irritated

agapes (n.f.pl.) partying with friends

âgé (adj.) aged, old
 plus – older

agence (n.f.) agency, firm

agent (n.m.) employee, worker
 – de police policeman

agglomération (n.f.) built-up area

aggraver (s') (*v. pron.*) to get worse
agir de (s') (*v. pron. et invar.*) **: il s'agit de** it is a question of
agité (*adj.*) restless, disturbed, excited
agréable (*adj.*) pleasant
agression (*n.f.*) assault
agricole (*adj.*) agricultural
agriculteur (*n.m.*) (*f.* **-trice**) farmer
ahuri (*adj.*) bewildered
aigu (*adj.*) keen, sharp, acute
ailleurs (*adv.*) elsewhere
  d'– besides, moreover
aimer (s') (*v. pron.*) to love or like oneself, to be confident
aîné (*n.m.*) older person
ainsi (*adv.*) thus, in such a way
air (*n.m.*) air, appearance
  prendre l'– to take a breath of air, to take a walk in the fresh air
airelle (*n.f.*) cranberry
aise (*n.f.*) ease
  à l'– at ease, comfortable
  à son – at one's ease
  mal à l'– ill at ease
aisément (*adv.*) easily
ajouter (*v.t.*) to add
alentours (*n.m.pl.*) surrounding area
alimentaire (*adj.*) alimentary, concerning food
alimentation (*n.f.*) nourishment, feeding, food
alimenter (s') (*v. pron.*) to eat
allégrement (*adv.*) cheerfully, with liveliness
Allemand (*n.m.*) German
aller (*n.m.*) one-way ticket
  – et retour round-trip ticket
aller à quelqu'un to become or to suit someone
allié (*n.m.*) ally
allocation (*n.f.*) allocation, allowance
  – de chômage unemployment benefits
allongé (*adj.*) lying down, stretched out
allumer (*v.t.*) to light, to turn on
allure (*n.f.*) aspect, appearance
allusion (*n.f.*) reference
  faire – à to refer to
alors que (*conj.*) whereas, while
amant (*n.m.*) lover
ambages (*n.f.pl.*) **: sans –** straight out, frankly
amélioration (*n.f.*) improvement
améliorer (*v.t.*) to improve
aménager (*v.t.*) to decorate, to fix up

américaniser (s') (*v. pron.*) to undergo the influence of America
ameublement (*n.m.*) furnishing
ami(e) (*n.m. et f.*) **: petit(e) –** boyfriend, girlfriend
aminci (*adj.*) thinner
amoureux (*adj.*) **: tomber –** to fall in love
  – de la nature nature lover
ancien (*adj.*) old; former
ancien (*n.m.*) senior, former member
ancré (*adj.*) firmly fixed, anchored
anglophone (*n.m.*) English-speaking person
angoissant (*adj.*) anguishing, agonizing
angoisse (*n.f.*) agony, great distress
animation (*n.f.*) cinematographic animation
animé (*adj.*) animated, lively
année : d'– en – year after year
annonce (*n.f.*) announcement, ad (in newspaper)
  petites –s classified ads
annoncer (*v.t.*) to announce
annulaire (*n.m.*) ring finger
anormal (*adj.*) abnormal
antisémite (*adj.*) antisemitic
apanage (*n.m.*) privilege, right
apercevoir (s') (*v. pron.*) to notice, realize
aperçu (*n.m.*) glimpse, estimate
apiculteur (*n.m.*) (*f.* **-trice**) beekeeper
apôtre (*n.m.*) apostle, advocate
appareil (*n.m.*) machine, T.V. set
  – photo camera
apparence (*n.f.*) appearance
apparition (*n.f.*) appearance
appauvrissement (*n.m.*) impoverishment
appellation (*n.f.*) trade name
appétit (*n.m.*) appetite, hunger
applaudir (*v.t.*) to applaud
appliquer (s') (*v. pron.*) to make an effort, to attempt
appoint (*n.m.*) small change, odd money
  un métier d'– job to earn spending money
apprentissage (*n.m.*) learning, picking up
appui (*n.m.*) support
  à l'– as evidence, in confirmation
appuyer (*v.t.*) to lean, to rest, to support
après : d'– (*prép.*) according to
arc (*n.m.*) bow
argument (*n.m.*) argument, case
arme (*n.f.*) weapon
arrachement (*n.m.*) tearing away

arracher (*v.t.*) to yank, to pull
  arracher (**s'**) (*v. pron.*) to tear away
    from each other; to fight for
arranger (*v.t.*) to arrange, to settle, to
    solve
  arranger (**pour que**) (**s'**) (*v. pron.*)
    (*fam.*) to work out, to arrange things
arrêt (*n.m.*) stop
arrêter (*v.t.*) to stop, to arrest
  arrêter (**s'**) (*v. pron.*) to stop
arrivée (*n.f.*) arrival
arriver à (*v.i.*) to succeed, to manage to
arrondir (*v.t.*) to round off, to increase
arrondissement (*n.m.*) municipal district
arrosé (*adj.*) sprinkled, watered, washed
    down
artère (*n.f.*) artery, thoroughfare
ascenseur (*n.m.*) elevator
Asie (*n.f.*) Asia
asséné (*adj.*) battered, hammered out
assez : en avoir – de (*fam.*) to be fed up
    with
assidu (*adj.*) diligent, hard-working
assistante : – sociale social worker
assister à (*v.i.*) to attend, to look at
assurances (*n.f.pl.*) insurance
asticoter (*v.t.*) (*fam.*) to tease
astreint à (*adj.*) compelled to
atelier (*n.m.*) workshop
atout (*n.m.*) trump; chance, opportunity
attache (*n.f.*) attachment, bond
attacher (**s'**) (*v. pron.*) to be attached
atteindre (*v.t.*) to reach, to attain
attentat (*n.m.*) attempt, outrage
atterrir (*v.i.*) to land
attirer (*v.t.*) to attract
aube (*n.f.*) dawn
auberge (*n.f.*) inn
auditeur (*n.m.*) (*f.* **-trice**) listener
augmentation (*n.f.*) increase
auprès de (*adv.*) near, close to, in the
    presence of, for
aussi (*conj.*) consequently
  tout – (**mauvais**) just as (bad)
autant (*adv.*) : **tout –** as much
  d'– plus all the more
  d'– plus que all the more, especially
    since
autoroute (*n.f.*) highway
auto-stop (*n.m.*) hitchhiking
autour (*adv.*) around
autre : entre –s among other (things)
  l'un et l'– both
autrefois (*adv.*) formerly, in the past

avaler (*v.t.*) to swallow
avance (*n.f.*) advance
avancé (*adj.*) advanced, in an advanced
    stage
avantager (*v.t.*) to help, to give advantage
    to
avenir (*n.m.*) future
aventurer (**s'**) (*v. pron.*) to venture, to
    take chances
aveugle (*n.m.*) blind person
avis (*n.m.*) opinion
avocat (*n.m.*) lawyer
avoir (*n.m.*) possessions, worth
avoir à (*v.i.*) to have to
avortement (*n.m.*) abortion
avorter (*v.t.*) to abort
  se faire – to have an abortion
avouable (*adj.*) acknowledgeable,
    which can be admitted
avouer (*v.t.*) to admit, to confess
axé (*adj.*) centered, oriented

B

baccalauréat (*n.m.*) secondary school
    diploma
bagarre (*n.f.*) squabble, scuffle
bague (*n.f.*) ring
baie (*n.f.*) berry
baigner (**se**) (*v. pron.*) to bathe, to go
    swimming
baiser (*v.t.*) to kiss; (*vulg.*) to screw,
    to fuck
baisse : être en – to be lower, falling
baisser (*v.t. et v.i.*) to lower; to fall,
    to become lower
balancer (*v.t.*) to swing
balancier (*n.m.*) pendulum
balle (*n.f.*) (*pop.*) franc
ballon (*n.m.*) ball, balloon
banc (*n.m.*) bench
bancaire (*n.m. et adj.*) relating to the
    bank
bande (*n.f.*) : **– dessinée** comic strip
  – magnétique recording tape
bandoulière (*n.f.*) shoulder strap
  en – slung over the shoulder
banlieue (*n.f.*) suburbs
barbe (*n.f.*) (*fam.*) bore
  une vieille – an old fuddy-duddy
baroque (*adj.*) strange, bizarre
barre (*n.f.*) bar, stroke
  tireur de – one who draws, pencil
    pusher

barrière (n.f.) barrier, wall, obstacle
bas (adj. et n.m.) low, the lower part,
   the bottom
  en – downstairs
base (n.f.) bottom, basis
  de – basic
bâtir (v.t.) to build
battre (v.t.) to beat (p.p. **battu**)
  battre (**se**) (v. pron.) to fight, to dispute
  être battu to lose, to be defeated
baudruche (n.f.) balloon
bavarder (v.i.) to talk, to gossip
beauté (n.f.) : **mettre en –** to enhance,
   to bring out the beauty in
Beaux-Arts (n.m.pl.) fine arts
bec (n.m.) beak
bénéficier (v.i.) to benefit, to profit
bénéfique (adj.) profitable
bénévole (adj.) volunteer
bercer (**se**) (v. pron.) : **– de** to delude
  oneself
berger (n.m.) shepherd
besoin (n.m.) need
  au – if need be
bête (adj.) (fam.) stupid
bidon (adj.) (arg.) lousy, worthless
bien (n.m.) good, commodity
bien (adv.) : **– des** many, numerous;
  (suivi d'un adjectif) very, rather
bien-être (n.m.) well-being
bienvenu (adj.) welcome
bifteck (n.m.) steak
bijou (n.m.) jewel
bille (n.f.) marble
biscuit (n.m.) biscuit, cookie
bistrot (n.m.) café, pub
blague (n.f.) joke
blasé (adj.) indifferent
bloquer (v.t.) to block, to hold up, to stop
blouson (n.m.) jacket
bœuf (n.m.) beef
bois (n.m.) wood, woods, forest
boîte (n.m.) box
bon : faire – to feel good, to be nice
book (n.m.) portfolio
bord (n.m.) : **– de la mer** seashore
bordure (n.f.) : **en – de** bordering, on the
  edge of
botte (n.f.) boot
boucher (n.m.) butcher
bouder (v.i.) to sulk
bouffe (n.f.) (pop.) food, grub
bouffer (v.t.) (pop.) to eat
bougie (n.f.) candle

bougonner (v.i.) to grumble
boulanger (n.m.) baker
bouleverser (v.t.) to shake, to upset,
  to overthrow
boulot (n.m.) (pop.) work
Bourse (n.f.) Stock Exchange
bousculer (**se**) (v. pron.) to jostle one
  another
bout (n.m.) end
  au – de at the end of, after
bref (adj.) (f. **brève**) brief
Breton (n.m.) inhabitant of Brittany
bricolage (n.m.) puttering around
bricoler (v.t.) to do odd jobs, to putter
bridgeur (n.m.) bridge player
brillant (n.m.) type of diamond
Britannique (n.m. et adj.) person coming
  from the British Isles, British
brouhaha (n.m.) clamor, loud noise
bruit (n.m.) noise
brûle-pourpoint : à – (adv.) point-blank
brune (adj.) brunette
bruyant (adj.) noisy
bûcheur (adj.) (fam.) hardworking,
  serious
but (n.m.) goal, purpose

C

cacher (v.t.) to hide
cadavre (n.m.) body, corpse
cadet (n.m.) younger person
cadre (n.m.) frame, framework; admin-
  istrator, executive
  parents hors – : exceptional parents
cafard (n.m.) (fam.) the "blues"
  avoir un – noir to be very blue
caissière (n.f.) cashier
calanque (n.f.) creek, cove
califourchon : à – astraddle, astride
camarade (n.m.) friend
camembert (n.m.) camembert cheese
caméra (n.f.) movie camera
camp : foutre le – (vulg.) to get the hell
  out, to get lost
campagne (n.f.) campaign; countryside
canne (n.f.) cane
cantine (n.f.) cafeteria
cap (n.m.) cape, point
  passer le – to go past
  prendre le bon – to make the right
   move, to make the right decision
capable (adj.) apt, able, likely
capeline (n.f.) hood, cape
car (conj.) because

caractériser (se) (v. pron.) to be characterized, defined
carbonisé (adj.) broiled, burned
caresser (v.t.) to caress, to pet
carnet (n.m.) notebook
– **de vaccination** vaccination record
carrelage (n.m.) tiles, tile floor
carton (n.m.) cardboard
cas (n.m.) : **en tout** – in any event
case (n.f.) box, square
casser (v.t.) to break, to shatter
catch (n.m.) wrestling
cause : à – **de** because of
cavalier (n.m.) horseback rider
céder (v.t.) to yield, to hand over, to cede
– **le pas** to yield, to give in to
ceinturon (n.m.) belt
célèbre (adj.) famous, well-known
célibataire (n.m. et f.) unmarried man or woman
censé : **être** – to be supposed
censeur (n.m.) assistant principal of a *lycée*
centaine (n.f.) about a hundred
centre (n.m.) center of town, downtown
cependant (adv., conj.) meanwhile, while; however
cernable (adj.) definable, discernable
certes (adv.) admittedly
certifier (v.t.) to attest, authenticate
certitude (n.f.) certainty
C.E.S. (**collège d'enseignement secondaire**) junior high school
cesser (v.t.) to cease, to stop
C.E.T. (**collège d'enseignement technique**) vocational junior high
chacun (pr.) each, each one
chaîne (n.f.) chain; channel (TV)
chair (n.f.) skin, flesh
châle (n.m.) shawl, scarf
champ (n.m.) field
chance (n.f.) luck
égalité des –s equal opportunity
changement (n.m.) change
changer (se) (v. pron.) to change one's clothing
chanson (n.f.) song
même – (fam.) the same old story, the same old deal
chant (n.m.) singing, tune, song
chantage (n.m.) blackmail
charbon (n.m.) coal
charge (n.f.) : **prendre en** – to assume responsibility for

chargé (adj.) loaded, heavy, saturated
chargé (n.m.) person entrusted with a certain task, agent
charger de (se) (v. pron.) to have responsibility for, to be entrusted with
chasser (v.t.) to expel, to drive away; to hunt
chasseur (n.m.) hunter, sportsman
– **d'images** photographer
chaussée (n.f.) street, roadbed
chef (n.m.) chief, boss
– **d'état** head of state
– **de service** departmental head
chemin : – **de fer** railroad
chemise : – **de corps** undershirt
chemisier (n.m.) woman's blouse
cheval : **faire du** – to ride horseback
chevelure (n.f.) head of hair
chèvre (n.f.) goat
chiffre (n.m.) number, figure
chimie (n.f.) chemistry
chinois (adj.) Chinese
chirurgien (n.m.) surgeon
choix (n.m.) choice
chômage (n.m.) unemployment
chômeur (n.m.) unemployed person
choquer (v.t.) to shock, to offend
chouchou (n.m.) (fam.) teacher's pet
chouette (adj.) (fam.) good, nice, great
chrétien (n.m.) christian
chute (n.f.) fall, drop, collapse
en – **libre** in free fall, plummeting
ci-dessous (adv.) below, beneath
cicatrice (n.f.) scar
cidre (n.m.) cider
cinquième (n.f.) French fifth grade (pupils of about 12 years of age)
circulation (n.f.) traffic
citadin (n.m.) city dweller, urbanite
citation (n.f.) quote
cité (n.f.) city; block of houses for students
citer (v.t.) to quote
citoyen (n.m.) citizen
citrouille (n.f.) pumpkin
clamer (v.t.) to shout
claquer (v.t.) to slam
classe (n.f.) class, classroom
client (n.m.) customer
climat (n.m.) climate, atmosphere
clou (n.m.) nail
mis au – put aside
Club Méditerrané well-known travel club in France

coaguler (se) (*v. pron.*) to coagulate

cocotier (*n.m.*) coconut palm tree

cœur : de bon – gladly, with pleasure

  apprendre par – to memorize

  de tout son – with all one's heart

coffre-fort (*n.m.*) safe, strongbox

coiffer (*v.t.*) to do hair, to comb

coin (*n.m.*) corner

coincé (*adj.*) wedged, stuck

coincer (*v.t.*) to wedge, to corner

col (*n.m.*) collar; pass (in mountain)

  – roulé turtle-neck

collant (*n.m.*) panty-hose

collé (*adj.*) (*fam.*) failed, flunked

collectif (*adj.*) collective

collège (*n.m.*) school corresponding to

  junior high school

coller (*v.t.*) to paste, to stick, to glue

collier (*n.m.*) necklace

colon (*n.m.*) settler, colonist

colonie (*n.f.*) camp for children

combat (*n.m.*) battle, struggle, combat

combatif (*adj.*) pugnacious, belligerent

combinaison (*n.f.*) woman's slip

combler (*v.t.*) to heap, to overwhelm,

  to complete, to fill up

comète (*n.f.*) comet

commandement (*n.m.*) command,

  direction

commander (*v.t.*) to order

commencement (*n.m.*) beginning

commerçant (*n.m. et adj.*) storekeeper,

  merchant; commercial

commode (*adj.*) comfortable, easy,

  pleasant

commun (*adj.*) common, ordinary, vulgar

  transport en – public transportation

communément (*adv.*) commonly,

  generally

compagne (*n.m. et f.*) companion

comparer (se) (*v. pron.*) to compare

  oneself

comportement (*n.m.*) behavior

comporter (se) (*v. pron.*) to behave

comprendre (*v.t.*) (*p.p.* **compris**) to

  understand, to include

compte (*n.m.*) account, book-keeping

  à son – on one's own, at one's own

    expense

  compte-rendu (*n.m.*) report, review

  en fin de – in final account, finally

  pour le – de for, for the benefit of

  tenir – de to take into account, to

    consider

  – tenu de taking into account, con-

    sidering

compter (*v.t.*) to count, to number,

  to account for

  s'en laisser– to go along with, to

    "swallow"

con (*adj.*) (*vulg.*) half-assed

concevoir (*v.t.*) (*p.p.* **conçu**) to imagine,

  to conceive of

concilier (*v.t.*) to reconcile

concitoyen (*n.m.*) fellow citizen

concurrent (*n.m.*) competitor, rival

condamner (*v.t.*) to condemn

condition : à – que providing that

conducteur (*n.m.*) driver

conduire (*v.t.*) to conduct, to command,

  to lead, to drive

conduite (*n.f.*) conduct, behavior

confection (*n.f.*) ready-made clothes

conférence (*n.f.*) lecture

confiance (*n.f.*) confidence, trust

  faire – to trust, to have confidence (in,

    à, en, dans)

  mettre quelqu'un en – to win over

    someone's trust, confidence

confier (*v.t.*) to confide

  se – (*v. pron.*) to confide, place one's

    trust

confiseur (*n.m.*) candy-maker

confiture (*n.f.*) jelly, jam

conflit (*n.m.*) conflict

confondre (*v.t.*) to confuse, to mix up

confondu (*adj.*) confused, mixed

conforme (*adj.*) in conformity, consistent

confrère (*n.m.*) colleague

confus (*adj.*) obscure, vague, mixed,

  confused

congé (*n.m.*) leave, vacation

conjoint (*n.m.*) spouse

connaissance (*n.f.*) knowledge, under-

  standing

  faire la – de to meet, to make the

    acquaintance of

  prendre – de to become acquainted

    with, to become conscious of

connaître (se) (*v. pron.*) : **s'y connaître**

  en to be knowledgeable of, to be

    informed of

conquérir (*v.t.*) to conquer

consacrer (*v.t.*) to devote

conscience (*n.f.*) consciousness

  avoir – de to be aware of, to be con-

    scious of

conscient (*adj.*) conscious, aware

consécutif à (*adv.*) following, resulting from

conseiller (*v.i.*) to advise

conseils (*n.m.pl.*) advice

conservateur (*n.m. et adj.*) conservative

consommation (*n.f.*) consumption

consommer (*v.t.*) to consume

consonne (*n.f.*) consonant

constater (*v.t.*) to recognize, to take notice of

constitué (*adj.*) constituted, formed

contenir (*v.t.*) (*p.p.* **contenu**) to contain

contenter (**se**) (*v. pron.*) to be content (with, **de**); to settle (for, **de**)

conteur (*n.m.*) story teller

continu (*adj.*) continual, continuous

contraire : au – on the contrary

contrairement à (*adv.*) in opposition to, contrary to

contrat (*n.m.*) contract

contravention (*n.f.*) fine, ticket

contre : par – on the other hand

contrebas : en – downwards, lower

contrer (*v.t.*) to counter

contribuable (*n.m.*) tax-payer

contrôle (*n.m.*) control, examination, check

convenable (*adj.*) proper, suitable

convenir (*v.i.*) to suit, to become

copain (*n.m.*) (*f.* **copine**) (*fam.*) pal, buddy

coquet (*adj.*) coquettish, stylish

coquin (*adj.*) roguish, scampish

corbeau (*n.m.*) crow

cordonnier (*n.m.*) shoe repairman, cobbler

corps (*n.m.*) body

correct (*adj.*) correct, well-behaved

corvée (*n.f.*) chore

costume (*n.m.*) suit (of clothes)

côte (*n.f.*) coast; side, rib

 – à – side by side

côté (*n.m.*) side, aspect

 de notre – in our direction, toward us

 de son – for one's part

cotisant (*n.m.*) adherer, subscribing member

cotisation (*n.f.*) enrollment fee, dues

couche (*n.f.*) layer

coucher (*v.t. et v.i.*) to put to bed

 – avec quelqu'un to sleep with someone

couchette (*n.f.*) place in sleeping car of a train

couler (*v.i.*) to sink, to flow, to drip

coulisses (*n.f.pl.*) backstage wings (of theater)

couloir (*n.m.*) corridor, hall

coup (*n.m.*) blow, hit

 tenir le – to hold up, to resist

 à –s de by the, in quantities of

 – de main helping hand

coupable (*adj.*) guilty

cour (*n.f.*) courtyard, playground

 faire la – à to court

courant (*n.m.*) current

 le – passe d'eux à moi we get along well

 au – up-to-date, informed (about, **de**)

courant (*adj.*) common

cours (*n.m.*) class, course

 au – de over, in the course of

 en – de in the course of, during

 en – de route en route, while on the road

course (*n.f.*) race

courses (*n.f.pl.*) errand, shopping

 faire les – to go shopping

coursier (*n.m.*) messenger boy

court (*adj.*) short

 tout – (*adv.*) nothing more, "period"

coût (*n.m.*) cost

coûter (*v.t.*) to cost

coûteux (*adj.*) costly, expensive

couvert (*n.m.*) silverware

 mettre le – to set the table

couvre-feu (*n.m.*) curfew

craindre (*v.t.*) to fear

crainte (*n.f.*) fear

crasse (*n.f.*) filth, dirt

crèche (*n.f.*) day-care center

credo (*n.m.*) creed, belief

créer (*v.t.*) to create

crier (*v.t.*) to shout out

crique (*n.f.*) creek, estuary

crise (*n.f.*) crisis

crispé (*adj.*) clenched, contorted

critique (*n.m.*) critic

critique (*n.f.*) criticism, critique

croissance (*n.f.*) growth, increase

 – zéro zero population growth

croissant (*n.m.*) crescent roll

croître (*v.i.*) to increase, to grow

croulant (*adj.*) tottering, crumbling

croyant (*adj. et n.m.*) religious believer

cru (*n.m.*) growth of wine

cueillette (*n.f.*) picking (of fruit)

cuir chevelu (*n.m.*) scalp

cuisinier (n.m.) cook
cuisse (n.f.) thigh, leg (of poultry or frogs)
cuit (adj.) cooked
cul (n.m.) (vulg.) ass
culotte (n.f.) underpants
cycle (n.m.) cycle, program of study for a given year
cyclisme (n.m.) cycling
cyclosportif (n.m.) bicycle enthusiast

D

dame (n.f.) woman, lady
damier (n.m.) checkerboard
damné (adj.) damned
daube : bœuf en – type of stewed beef
davantage (adv.) more
débarrasser (**de**) (**se**) (v. pron.) to get rid of
déborder (v.i.) to overflow, to run over
debout (adj.) standing up
  se mettre – to stand up
débraillé (adj.) casual, sloppy, untidy dress
débranché (adj.) unplugged, disconnected
débrouiller (**se**) (v. pron.) (fam.) to manage, to make do
déceler (v.t.) to reveal, to uncover
décennie (n.f.) decade
décerner (v.t.) to award
décevoir (v.t.) to disappoint
déchet (n.m.) waste
  (n.m.pl.) waste products
décidé (adj.) determined
décimer (v.t.) to decimate, to destroy
déclencher (v.t.) to start, to provoke
déclic (n.m.) triggering, click
déclin (n.m.) decline
décoller (v.i.) to take off (airplane)
décontracté (adj.) relaxed, casual
découper (v.t.) to cut out
décourager (v.t.) to discourage
découverte (n.f.) discovery
découvrir (v.t.) to discover
décrocher (v.t.) (fam.) to get, to receive
dédain (n.m.) disdain
déduire (v.t.) to deduct, to infer
défaite (n.f.) defeat
défaut (n.m.) fault
défendre (v.t.) to defend, to prohibit
défi (n.m.) challenge
défiler (v.i.) to parade, to march
dégât (n.m.) damage, havoc
dégouliner (v.i.) (pop.) to drip

dégourdir (**se**) (v. pron.)
  – les jambes to stretch one's legs
dégoûter (v.t.) to disgust
déguiser (**se**) (v. pron.) to disguise oneself, to dress up
dehors (adv.) out, outside, out of doors
  en – de outside of, except for, above and beyond
delà : au-delà (**de**) (prép) beyond, more than
délétère (adj.) deleterious
délicat (adj.) delicate, ticklish, touchy
délit (n.m.) offence, misdemeanor
déloyale : à la – unfairly, unjustly
demande (n.f.) request, demand
demander (**se**) (v. pron.) to wonder
démanteler (v.t.) to dismantle, to pull apart
démarrer (v.i.) to start up (car)
déménager (v.i.) to move (household)
démesuré (adj.) excessive, immoderate
demeurer (v.i.) to stay, remain
démissionner (v.i.) to resign
démodé (adj.) outdated
démontrer (v.t.) to prove, to show
démystificateur (n.m.) person who destroys a myth
dénicher (v.t.) to dig up, to seek out
dentaire (adj.) dental
dentelle (n.f.) lace
départ (n.m.) departure, beginning
  au – de at the beginning of
  du – to start out with
dépasser (v.t.) to go beyond, to transcend
dépêcher (**se**) (v. pron.) to hurry
dépenser (v.t.) to spend
dépit : en – de in spite of
déplacement (n.m.) change of place, move, trip
déplacer (**se**) (v. pron.) to move around, travel
déployer (v.t.) to unfold, to show
déposer (v.t.) to put down; to deposit, to lay down, to leave
député (n.m.) deputy
dérailler (v.i.) to de-rail
déranger (v.t.) to disturb, to bother
dernier : avant – next to last
dérober (**se**) (v. pron.) to escape, to hide, to evade responsibility
derrière (n.m.) behind, rear end
dès (prép.) as early as, from
  – que (conj.) as soon as
désaffection (n.f.) disaffection, dissatisfaction

désagréable (*adj.*) unpleasant
désarmé (*adj.*) unarmed
désarroi (*n.m.*) disorder, confusion
désespérant (*adj.*) discouraging, hopeless
désinvolture (*n.f.*) casualness
désolé (*adj.*) sorry, regretful
désormais (*adv.*) hereafter
dessaler (*v.t.*) to take the salt out of
desservir (*v.t.*) to clear off (table), to do a
  disservice to
dessin (*n.m.*) drawing
  – animé animated cartoon
dessiner (*v.t.*) to draw
détendre (*v.t.*) to relax, to loosen up
détente (*n.f.*) relaxation
déterminé (*adj.*) determined, fixed, set
détourner (**se**) (*v. pron.*) to turn away
deux : à eux – the two of them alone,
  just the two of them
dévalorisation (*n.f.*) devaluation,
  depreciation
dévaloriser (*v.t.*) to lose in value, to take
  away value from
développer (**se**) (*v. pron.*) to develop
devenir (*v.t.*) to become
deviner (*v.t.*) to guess, to make out
dévoiler (*v.t.*) to unveil, to reveal, to
  disclose
devoir (*n.m.*) obligation, duty, homework
dévorer (*v.t.*) to devour
dévoué (*adj.*) devoted
diable (*n.m.*) devil
dialoguer (*v.i.*) to have a dialogue
dictateur (*n.m.*) dictator
dictature (*n.f.*) dictatorship
dictée (*n.f.*) dictation
différemment (*adv.*) differently
différence : à la – de quelqu'un different
  from someone
différer (*v.i.*) to be different
diminuer (*v.t.*) to decrease, to get smaller
diminution (*n.f.*) reduction
dinde (*n.f.*) turkey
dingue (*adj.*) (*pop.*) crazy
diplômé (*adj.*) with college degree
dire (*v.t.*) to say
  cela ne me dit rien that doesn't interest
  me
  c'est-à-dire that is to say
  qu'en-dira-t-on (*n.m.*) what people
  will say
directeur (*n.m.*) (*f.* **-trice**) principal of
  elementary school (in feminine form
  can also be principal of a *lycée*)
dirigé : travail – discussion group

dirigeant (*n.m.*) director, leader
diriger (**se**) (*v. pron.*) to head for, to
  orient oneself
discours (*n.m.*) speech
discutable (*adj.*) debatable, disputable
disparate (*adj.*) dissimilar, incongruous
disparition (*n.f.*) disappearance, death
disperser (*v.t.*) to disperse, to scatter,
  to break up
disposer (*v.t.*) to prepare, to arrange
  – de to have at one's disposal
disputer (**se**) (*v. pron.*) to argue
dissemblable (*adj.*) dissimilar
dissertation (*n.f.*) paper, essay
distingué (*adj.*) distinguished
distrayant (*adj.*) pleasing, entertaining
divertir (*v.t.*) to distract, to amuse
divertissement (*n.m.*) distraction,
  amusement
doctrinaire (*n.m.*) believer, supporter
doigt : montrer du – to point at, out
doléances (*n.f.pl.*) grievance, complaint
domaine (*n.m.*) field, area, question
domestique (*n.m. et f.*) servant
domicile (*n.m.*) **: à –** at home
domination (*n.f.*) domination, rule
donner (*v.t.*) to give, to result in
  – dans to fall into
doré (*adj.*) gilded, golden
dortoir (*n.m.*) dormitory
dos : montrer son – to have one's
  back to
douane (*n.f.*) customs
douanier (*n.m.*) customs agent
doué (*adj.*) gifted
doute (*n.m.*) doubt
  sans aucun – without a doubt
  sans – probably
doux (*adj.*) sweet, mild, gentle
drame (*n.m.*) drama
  faire un – (*fam.*) to make a scene
dresser (*v.t.*) to draw up, to raise
droit (*n.m.*) right, permission, law
  – de douane customs duty
durant (*prép*) during
  des années – for years
durcir (**se**) (*v. pron.*) to harden
durer (*v.i.*) to last

E

ébattre (**s'**) (*v. pron.*) to go for a walk,
  to frolic
ébranler (*v.t.*) to shake
écarter (*v.t.*) to leave aside, to move aside

échange (n.m.) exchange
échanger (v.t.) to exchange
échappée (n.f.) escape, escapade
échapper (v.i.) to escape
écharpe (n.f.) scarf
échec (n.m.) failure
échelle (n.f.) ladder, scale
échouer à (v.t.) to fail
éclairer (s') (v. pron.) to light up
éclater (v.i.) to burst, to explode
écolier (n.m.) pupil, schoolboy
économie (n.f.) saving, economy,
    thriftiness
Ecosse (n.f.) Scotland
écosser (v.t.) to shell, to husk
écoute : à l'– de listening to
écran (n.m.) screen
écraser (s') (v. pron.) to crash
écrire (s') (v. pron.) to be written
Ecritures (n.f.pl.) Scriptures
éducation (n.f.) education, rearing,
    upbringing
efféminé (adj.) effeminate
effondré (adj.) crushed, shattered
efforcer (s') (v. pron.) to make an effort
effrayant (adj.) frightening
égal (adj.) equal, the same
    être – à quelqu'un to leave someone
    indifferent
également (adv.) also, equally
égard : à l'– de concerning, in regard to
égocentrique (adj.) self-centered, ego-
    centric
égoïste (adj.) selfish
élargir (s') (v. pron.) to widen, to become
    wide
électro-ménager (n.m.) home appliances
élevage (n.m.) breeding, (cattle) raising
élévation (n.f.) lifting, height, rise,
    increase
élevé (adj.) high
    bien – well-mannered
élever (v.t.) to raise, to bring up
élire (v.t.) (p.p. élu) to elect
embarras (n.m.) trouble, difficulty,
    embarrassment
embelli (adj.) more beautiful
embêter (s') (v. pron.) to be bored
emblée : d'– (adv.) right away, imme-
    diately
embonpoint (n.m.) obesity, stoutness
embouteillage (n.m.) traffic jam
émetteur (n.m.) broadcasting station
émeute (n.f.) riot, uprising

émission (n.f.) broadcast
empêcher (v.t.) to hinder, to prevent
empilé (adj.) piled up
emploi (n.m.) employment, job, work,
    usage, use
employé (n.m.) employee, assistant, clerk
empoisonneur (adj.) poisonous
emporter (v.t.) to carry away, to sweep off
    l'– sur to prevail over, to win over
en tant que as
encablure (n.f.) cable's length (about 200
    yards)
encaisser (v.t.) (fam.) to sustain or to
    receive (a blow); to endure, to suffer
enceinte (adj.) pregnant
encontre : à l'– de against
encre (n.f.) ink
encrier (n.m.) ink-well
endiablé (adj.) diabolical, devilish
endormir (s') (v. pron.) to fall asleep,
    to be lulled into security
endosser (v.t.) to put on
énervé (adj.) excited, worked up
énerver (v.t.) to bother, to get on the
    nerves
enfant : petit – grandchild
enfermer (v.t.) to lock up, to shut in
enfiler (s') (v. pron.) (fam.) to "throw
    down" (food)
enfourner (v.t.) to shovel in
engager (v.t.) to hire
    engager dans (s') (v. pron.) to become
    active in
engorger (v.t.) to choke up, to clog
énième (adj.) "nth"
enlever (v.t.) to take away, to eliminate
ennui (n.m.) boredom
ennuyeux (adj.) tedious, annoying,
    boring
énorme (adj.) huge, enormous
enquête (n.f.) inquiry, investigation,
    survey
enquêteur (n.m.) investigator
enregistrer (v.t.) to register, to record
enseignant (n.m.) teacher
enseignement (n.m.) teaching, education
ensemble (n.m.) outfit
    dans l'– on the whole
ensuite (adv.) after, then
entendre (v.t.) to hear; to intend
    entendre (s') (v. pron.) to get along
entente (n.f.) understanding, agreement
    bonne – harmony
enthousiasmé (adj.) enthusiastic

entier : tout – completely, totally

entouré (adj.) surrounded

entrain (n.m.) spirit, animation, heartiness

entraînement (n.m.) training

entrée (n.f.) entrance

entreprendre (v.t.) to undertake

entreprise (n.f.) enterprise, corporation

entretemps (adv.) in the meantime

entretenir (v.t.) to support, to maintain

entrouvert (adj.) half-open, ajar

envers (prép.) towards

envie : avoir – de to want, to desire

envier (v.t.) to envy

environ (adv.) about

environs (n.m.pl.) the surrounding areas

envisager (v.t.) to foresee, to plan, to prepare for

  envisagé sur based on

envoi (n.m.) sending, dispatch

épanoui (adj.) radiant, in bloom

épanouir (s') (v. pron.) to blossom, to bloom, to develop

épicier (n.m.) grocer

épiglotte (n.f.) epiglottis

épinards (n.m.pl.) spinach

épingle (n.f.) pin

éplucher (v.t.) to peel

éponger (s') (v. pron.) to wipe oneself off

époque (n.f.) time, era, period

épouser (v.t.) to marry

épouvantable (adj.) awful, horrible

épouvanter (v.t.) to terrify, to appall

époux (n.m.) (f. **épouse**) husband, wife

épuisant (adj.) exhausting

équestre (adj.) equestrian

équilibré (adj.) balanced

équipage (n.m.) gear; crew

équipe (n.f.) team

équipement (n.m.) equipping, equipment

équivoque (n.f.) ambiguity, misunderstanding, doubtful situation

ère (n.f.) era

escamoter (v.t.) to steal, to pilfer

escargot (n.m.) snail

espace (n.m.) space

  en l'– de in a period of

  – vert park, lawn, green space

espadrille (n.f.) plain canvas shoe

espèce (n.f.) type, kind

espérance (n.f.) hope, expectation

esprit (n.m.) mind, spirit

esquiver (v.t.) to dodge, to evade

essai : banc d'– test (bench)

essence (n.f.) gasoline

essuyer (v.t.) to wipe

  – une défaite to lose, to be defeated

esthète (n.m.) aesthete

esthétisme (n.m.) aestheticism

estimer (v.i.) to think, to consider

estivant (n.m.) summer visitor

établir (v.t.) to draw up, to write up, to establish

  s'– (v. pron.) to establish oneself, to set up

étage (n.m.) floor, story

étalage (n.m.) display, exhibition

étape (n.f.) stage, period

état (n.m.) state, government

  faire des –s to compile records, reports, statements

éteint (adj.) extinguished, out

étendre (v.t.) to extend

  étendre (s') (v. pron.) to extend, to spread, to expand

étonnant (adj.) surprising

étonnement (n.m.) surprise

étonner (s') (v. pron.) to be surprised

étouffant (adj.) stifling

étouffer (v.t.) to stuff, to suffocate

étranger (adj.) foreign

  à l'– abroad

étranglé (adj.) strangled

étranglement (n.m.) strangling, strangulation

être : en – à to be (at a particular time)

  qu'il soit whether it be

étroit (adj.) narrow, straight, tight

éveiller (s') (v. pron.) to wake up

événement (n.m.) event, issue

éventail (n.m.) fan; wide range

éventuel (adj.) possible, conditional

éventuellement (adv.) should the occasion arise, if called for

évidence : mettre en – to make conspicuous

évier (n.m.) sink

éviter (v.t.) to avoid

évoluer (v.i.) to maneuver; to revolve; to evolve

exception : à l'– de excluding

exclu (n.m.) excluded person

exclure (v.t.) (p.p. **exclu**) to exclude

exclusivité : film en – first-run feature

exemplaire (adj.) model, exemplary

exemple : donner l'– to set an example

exergue : monter en – to give as an example, to promote as a doctrine

exigeant (*adj.*) demanding, fussy
exiger (*v.t.*) to require, to demand
expérience (*n.f.*) experiment
expérimenter (*v.t.*) to experience
explication (*n.f.*) explanation, coming to
   terms
exploiter (*v.t.*) to cultivate, to work, to
   exploit
exprimer (*v.t.*) to express
  exprimer (s') (*v. pron.*) to be expressed
extérieur (*n.m.*) : à l'– outside, away
extrait (*n.m. et adj.*) excerpt, extracted

F

fable (*n.f.*) fable
fabriquer (*v.t.*) to make, to manufacture
fac (*n.f.*) (*pop.*) short for "faculté" (at a
   university)
face (*n.f.*) : – à facing, towards
  se faire – to confront one another
faciliter (*v.t.*) to make easier, to encourage
façon : de toutes –s at any rate, anyhow
façonner (*v.t.*) to shape, to mould
facultatif (*adj.*) optional
faible (*adj.*) weak, deficient, poor
faillir (*v.i.*) (*suivi d'un infinitif*) to almost
   (do something)
  ils ont failli venir they almost came
fainéant (*adj.*) lazy
faire (se) (*v. pron.*) to be done
  s'en faire to worry
fait (*n.m.*) fact
  dans les –s in practice, in reality
  du – de owing to, because of
  être le – de to belong to, to concern
  tout à – entirely, quite
fait-divers (*n.m.*) news item
fameux (*adj.*) famous, great, fantastic
famille : en – with the family
fanatique : être – de to be a fan of, to be
   excited about
fantaisie (*n.f.*) imitation, fancy
fantaisiste (*adj.*) fanciful
fardeau (*n.m.*) burden
faute de for lack of
fauteuil (*n.m.*) arm-chair, seat
fauve (*n.m.*) wild animal
favoriser (*v.t.*) to encourage, to favor
fermeture éclair (*n.f.*) zipper
fermier (*n.m.*) farmer
festin (*n.m.*) feast
feu (*n.m.*) fire, traffic light
fiancé (*n.m.*) fiancé, boyfriend

fiancer (se) (*v. pron.*) to become engaged
ficelles (*n.f.pl.*) the strings, the ins and
   outs
fiche : – la paix (*fam.*) to leave in peace,
   alone
ficher (se) (*v. pron.*) (*fam.*) to make fun
   (of, de), to mock, to not care about
  on s'en fiche it's not important, we
   don't care
fictif (*adj.*) fictitious, imaginary
fidèle (*adj.*) faithful, loyal
fier (*adj.*) proud
fierté (*n.f.*) pride
figer (se) (*v. pron.*) to congeal, to coagulate, to stiffen
figure (*n.f.*) face
figurer (*v.i.*) to appear in
fin (*adj.*) delicate, refined, subtle, shrewd
finir : n'en – pas, jamais to be endless,
   never to end
  si... t'as pas fini ! if . . . you'll never
   hear the end of it!
flâner (*v.i.*) to stroll
flèche (*n.f.*) arrow
flou (*adj.*) hazy, vague, blurry
  rester dans le – to be ambiguous; loose-
   fitting, light (clothes)
fluctuant (*adj.*) fluctuating, varying
foi (*n.f.*) faith
foie (*n.m.*) liver
fois (*n.f.*) time
  à la – at once, at the same time
  des – ! (*inter.*) good grief! gracious me!
fonction : en – de in terms of, in function
   of
fonctionnaire (*n.m. et f.*) civil servant
fond (*n.m.*) bottom, back
  article de – main story, leading article
  au – de in the bottom, at the back,
   far in, far back in, far away
fonder (*v.t.*) to found, to base
forcément (*adv.*) inevitably, necessarily
formation (*n.f.*) education, training
  – permanente continuing education
forme (*n.f.*) form, shape
  sous – de in the form of
former (*v.t.*) to form, to shape, to mould
  former (se) (*v. pron.*) to be formed
formidable (*adj.*) wonderful
formule (*n.f.*) formula, solution, expression
fort (*adj.*) strong, smart; (*adv.*) very
   (when followed by adjective)
fortuné (*adj.*) well-to-do, rich

fortune : de – improvised, by chance
fournir (*v.t.*) to provide, to supply
fourniture (*n.f.*) supply, school supplies
fourrure (*n.f.*) fur
foutre de (se) (*v. pron.*) (*vulg.*) **: on s'en
   fout** people don't give a damn, they
   don't care
   foutre le camp to get the hell out, to
   get lost
foyer (*n.m.*) home, family
frais (*n.m.pl.*) expenses, costs, fees
franchement (*adv.*) frankly, candidly
franchir (*v.t.*) to cross, to step over
franchise (*n.f.*) openness, frankness,
   sincerity
francophone (*adj.*) French-speaking
frappant (*adj.*) striking
frappé (*adj.*) struck, hit
frapper (*v.t.*) to strike, to hit
fréquemment (*adv.*) frequently
fréquenter (*v.t.*) to frequent, to go regu-
   larly to
frigo (*n.m.*) (*fam.*) refrigerator
frimas (*n.m.*) cold weather
fringues (*n.f.pl.*) (*arg.*) clothes
frites (*n.f.pl.*) French fries
froisser (*v.t.*) to wrinkle
front (*n.m.*) forehead
   faire – to face
frontière (*n.f.*) border
fugace (*adj.*) fleeting, fugitive
fuir (*v.t.*) to flee
fumier (*n.m.*) (*fig. et vulg.*) swine
fumiste (*adj.*) (*fam.*) lazy, not serious
futé (*adj.*) sharp, sly

G

gâcher (*v.t.*) to spoil, to ruin
galipettes (*n.f.pl.*) **: faire des –** to do
   somersaults; (sexual) hanky-panky
galopade (*n.f.*) galloping
galvaniser (*v.t.*) to animate, to excite
gamin (*n.m.*) (*fam.*) child
garde (*n.f.*) keeping, care
   avoir la – des enfants to have custody
      of the children
   donner en – to confide, to entrust
garder (*v.t.*) to keep, to look after
garderie (*n.f.*) nursery
garer (se) (*v. pron.*) to park
garniture (*n.f.*) trimmings, fixings
gars (*n.m.*) (*pop.*) guy, fellow
gaspiller (*v.t.*) to waste

gâté (*adj.*) spoiled
gauchiste (*adj.*) radical
gaz (*n.m.*) natural gas
gazon (*n.m.*) lawn, grass
gênant (*adj.*) bothersome, embarrassing
gendarme (*n.m.*) rural policeman
gêne (*n.f.*) bother, unease
gêné (*adj.*) bothered, annoyed, embar-
   rassed
gêner (*v.t.*) to disturb, to bother
genre (*n.m.*) type, kind
gérer (*v.t.*) to manage, to administer
gilet (*n.m.*) vest, cardigan
glotte (*n.f.*) glottis
gonflement (*n.m.*) swelling up, increase
gosse (*n.m. et f.*) (*fam.*) kid, child
gourmand (*n.m. et adj.*) who eats a lot,
   who enjoys eating
goût (*n.m.*) taste
goûter (*n.m.*) snack
gouvernement (*n.m.*) administration
grâce à thanks to, because of
grâces : action de – thanksgiving
graisseux (*adj.*) greasy
grand : – fils grown-up son
grand'chose : pas – not much
Grande Bretagne Great Britain
gras (*adj.*) greasy
gratte-ciel (*n.m.*) skyscraper
gratuit (*adj.*) free
gratuitement (*adv.*) for free
grave (*adj.*) serious
gravir (*v.t.*) to climb
gré : à son – for one's liking, to suit one's
   taste
grenouille (*n.f.*) frog
grève (*n.f.*) strike
   faire la – to go on strike
gréviste (*n.m.*) striker
grignoter (*v.t.*) to nibble, to gnaw
grillé (*adj.*) toasted
gris (*adj.*) grey, dull
grisaille (*n.f.*) grey tones
gros (*adj.*) heavy, fat, big
grossesse (*n.f.*) pregnancy
   interruption de – abortion
grossier (*adj.*) vulgar, obnoxious
guère (ne) (*adv.*) scarcely, hardly
guerre (*n.f.*) war
gueule (*n.f.*) (*pop.*) mouth
   fine – gourmet
guichet (*n.m.*) ticket window
guide (*n.m.*) guide, guidebook
guignol (*n.m.*) clown, puppet

guise (*n.f.*) manner, way
  à sa – as one likes
  en – de by way of, acting as
gynécée (*n.m.*) girls' school

H

habillement (*n.m.*) clothing
habitant (*n.m.*) inhabitant, resident
habitation (*n.f.*) habitation, residence
habité de (*adj.*) occupied by
habitué (*adj.*) accustomed
habituer (*v.t.*) to accustom, to familiarize
haleine (*n.f.*) breath, wind
  de longue – long, hard effort
*****haricot vert** (*n.m.*) green bean
*****hasard** (*n.m.*) **: au –** at random
*****hausse : être en –** to be rising
*****haut : du – de** at the height of, looking down from
hebdomadaire (*adj.*) weekly
  bi-hebdomadaire biweekly
hébreu (*adj.*) hebrew
hélas (*inter.*) Alas! unfortunately
herbe (*n.f.*) **: mauvaise –** weed
*****heurter (se)** (*v. pron.*) to bump against, to knock, to run into
*****hideux** (*adj.*) hideous, frightful
hippodrome (*n.m.*) race-track
honnête (*adj.*) honest
*****honte** (*n.f.*) shame
  avoir – to be ashamed
*****honteux** (*adj.*) disgraceful, shameful
horaire (*n.m.*) schedule
horreur (*n.f.*) **: avoir – de** to detest, to hate, to dislike
*****hors** (*prép.*) out of
hospitalier (*adj.*) relating to hospitals
hôtesse (*n.f.*) **: – de l'air** stewardess
*****houlette** (*n.f.*) (*fig.*) supervision, direction
huile (*n.f.*) oil
*****hurler** (*v.i.*) to scream
hypermarché (*n.m.*) very large supermarket

I

ici : d'– 2 ou 3 ans 2 or 3 years from now
il y a : il y a x et x now there's x and there's x (there are two kinds of x)
île (*n.f.*) island

illicite (*adj.*) unlawful
illusion (*n.f.*) **: se faire des –s** to delude oneself
illusoire (*adj.*) illusory
immeuble (*n.m.*) apartment building
  – dortoir bedroom apartment building for workers who are away all day
immobile (*adj.*) immovable, still, motionless
imparfait (*adj.*) imperfect
impensable (*adj.*) unthinkable, unheard-of
imperméable (*n.m.*) raincoat
impliquer (*v.t.*) to involve
imposer (s') (*v. pron.*) to be imperative, to be a "must"
impudeur (*n.f.*) boldness, immodesty
impulsion (*n.f.*) impetus, impulse
inattendu (*adj.*) unexpected
inconfort (*n.m.*) discomfort
incongru (*adj.*) incongruous
inconnu (*n.m. et adj.*) unknown, unknown person
inconscient (*adj.*) unconscious
inconséquence (*n.f.*) inconsistency
inconvénient (*n.m.*) disadvantage
Inde (*n.f.*) India
indice (*n.m.*) sign, indication, index
indifférent (*adj.*) unimportant, immaterial
indifférer (*v.t.*) to leave indifferent
indiquer (*v.t.*) to indicate, to signify
indiscutable (*adj.*) indisputable
individu (*n.m.*) individual, person
industriel (*n.m.*) industrialist, manufacturer
inédit (*adj.*) unpublished, new
inépuisable (*adj.*) inexhaustible, never ending
infiniment (*adv.*) infinitely
infirmière (*n.f.*) nurse
influent (*adj.*) influential
informations (*n.f.pl.*) news
informer (s') (*v. pron.*) to keep informed
infroissable (*adj.*) wrinkle-proof
ingénieur (*n.m.*) engineer
inhabituel (*adj.*) uncommon
initié (*n.m.*) knowledgeable person, person "in the know"
initier (*v.t.*) to initiate
inlassablement (*adv.*) untiringly
inopérant (*adj.*) inoperative
inquiéter (*v.t.*) to trouble, to upset

inquiéter (s') (*v. pron.*) to worry
insaisissable (*adj.*) elusive, vague
inscription (*n.f.*) enrollment, registration
inscrit (*adj.*) enrolled
insensiblement (*adv.*) gradually, imperceptibly
insolation (*n.f.*) sunstroke
inspecteur (*n.m.*) (*f.* **-trice**) inspector sent by Ministry of Education to inspect public schools
inspirer (s') (*v. pron.*) to be inspired (by, **de**)
installer (s') (*v. pron.*) to be created, to arise
instant : pour l'– for the time being
instaurer (s') (*v. pron.*) to be established, founded, set up
instituer (*v.t.*) to institute, to set
instituteur (*n.m.*) (*f.* **-trice**) elementary school teacher
instructif (*adj.*) instructional
instruction (*n.f.*) instruction, education, teaching
intégrant (*adj.*) : **faire partie –e** to be an integral part
intention : préparé à leur – prepared for them
interdit (*n.m. et adj.*) what is forbidden, prohibited, forbidden
intérêt : porter – to be interested
intérieur (*adj.*) interior, inside
  femme d'– good housemaker
  politique –e domestic policy
interroger (*v.t.*) to question, consult, to ask a question to
interrompre (*v.t.*) to interrupt, to stop
  s'– (*v. pron.*) to stop, to shut off, to be interrupted
intervention (*n.f.*) speech, action, role
intimiste (*adj.*) intimate, of the immediate family
intimité (*n.f.*) intimacy, privacy
inutile (*adj.*) useless
investir (s') (*v. pron.*) to invest one's energies, to devote oneself
invité (*n.m.*) guest
involontairement (*adv.*) involuntarily
invoquer (*v.t.*) to appeal to
irruption (*n.f.*) sudden appearance
isolement (*n.m.*) isolation, loneliness, solitude
issue (*n.f.*) outcome, result; conclusion
ivrogne (*n.m.*) drunkard

J

jadis (*adv.*) formerly
  de – of a long ago
jeter (*v.t.*) to throw, to throw out
jeu (*n.m.*) acting
jeunes (*n.m.pl.*) young people
jeunesse (*n.f.*) youth
Jordanie (*n.f.*) Jordan
jouer (*v.t.*) to act
  se – (*v. pron.*) to be going on, to be at stake
jouet (*n.m.*) toy
jour (*n.m.*) day
  au – le – from day to day
  c'est le – et la nuit they're two very different things
  de nos –s nowadays
  ne pas voir le – de to have never seen
journée (*n.f.*) day
jouxter (*v.t.*) to adjoin
juge (*n.m.*) judge
juif (*adj. et n.m.*) Jew, Jewish
jumeaux (*n.m.pl.*) twins
jumelé (*adj.*) twin, joined together
jurer (*v.t.*) to swear
jus (*n.m.*) juice
jusque (*prép.*) up to, until
juste (*adj.*) fair
  très – just enough, barely enough
justement (*adv.*) precisely, exactly, as a matter of fact

L

laborieux (*adj.*) laborious, hardworking
labourage (*n.m.*) tillage, ploughing
labourer (*v.t.*) to till, to plough
lacet (*n.m.*) shoelace
lâche (*adj.*) cowardly
lâcher (*v.t.*) to let go of, to release
lacune (*n.f.*) gap
laïcité (*n.f.*) secular character (of the educational system)
laideur (*n.f.*) ugliness
laine (*n.f.*) wool
laisser : **– faire** to allow to continue, to leave alone
lancer (*v.t.*) to throw, to fling, to retort, to launch
  lancer (se) (*v. pron.*) to undertake, to engage in, to participate in
large (*adj.*) wide

larme (*n.f.*) tear
las (*adj.*) (*f.* **lasse**) tired, weary
laurier (*n.m.*) glory, honor
lecteur (*n.m.*) reader
lecture (*n.f.*) reading
léguer (*v.t.*) to bequeath
lessive (*n.f.*) laundry
lever (*v.t.*) to raise
lézardé (*adj.*) cracked (wall)
libanais (*adj.*) Lebanese
libéral (*n.m. et adj.*) liberal, politician
    belonging to center-right (in France)
  profession –e (*n.f.*) profession of
    doctor, lawyer, etc.
libéré (*adj.*) liberated, free
libérer (*v.t.*) to free
licence (*n.f.*) university diploma approxi-
    mate equivalent of M.A.
licencier (*v.t.*) to fire (from a job)
lié (*adj.*) tied, connected
lien (*n.m.*) bond, link
ligue (*n.f.*) league
littéraire (*n.m.*) student of literature or
    humanities
livrer (*v.t.*) to deliver
  se – (à) (*v. pron.*) to devote oneself,
    to engage (in)
local (*n.m.*) place, premises
logement (*n.m.*) housing
loger (se) (*v. pron.*) to lodge, to find
    accommodation
loi (*n.f.*) law
loin : de – by far, far from that
loisir (*n.m.*) leisure, free time
  récréation –s (*n.m.pl.*) recreational
    activities
long : le – de along
longer (se) (*v. pron.*) to extend along,
    to border
longue : à la – in the long run, over a
    long period of time
longueur (*n.f.*) length
  à – de journée all day long, the whole
    day
lors de (*adv.*) at the time of, at
lourd (*adj.*) heavy
loyale : à la – honestly, fairly
loyauté (*n.f.*) loyalty
lubie (*n.f.*) whim, fad
lutte (*n.f.*) struggle
lutter (*v.i.*) to struggle, to fight
luxe (*n.m.*) luxury
lycée (*n.m.*) French secondary school
lycéen (*n.m.*) student of a *lycée*

M

machine (*n.f.*) : **– à écrire** typewriter
maigre (*adj.*) skinny
maison (*n.f.*) house, business firm
maître (*n.m.*) master
maîtresse (*n.f.*) mistress; elementary
    school teacher
majeur (*adj.*) of legal age
majorité (*n.f.*) legal age, coming of age
mal : faire – à to hurt
  se donner du – to make a great effort
malaise (*n.m.*) discomfort, malaise
malfaisant (*adj.*) harmful, injurious
malgré (*prép.*) in spite of
malheur (*n.m.*) misfortune, misery
malheureux (*adj.*) unhappy, miserable,
    unfortunate
malle (*n.f.*) trunk
malléable (*adj.*) malleable, capable of
    being shaped, formed
mamelle (*n.f.*) breast (source of nourish-
    ment)
manche (*n.f.*) sleeve
manchette (*n.f.*) cuff
  bouton de – cuff-link
manière : à sa – in its own way
  de toute – anyway
manif (*n.m.*) (*fam.*) demonstration (short
    for *manifestation*)
manifestation (*n.f.*) demonstration
manifeste (*n.m.*) manifesto
manifester (*v.i.*) to participate in a
    demonstration
  manifester (se) (*v. pron.*) to be seen,
    to be evident
mannequin (*n.m.*) model
manque (*n.m.*) lack
manquer (*v.t.*) to be lacking
  il ne manquerait plus que ça ! that's
    all I need!
  – de (*v.t.*) to lack
marchand (*n.m.*) merchant, seller
marché (*n.m.*) market
marcher (*v.i.*) (*fam.*) to "buy" something,
    to go along with
marelle (*n.f.*) : **jouer à la –** to play hop-
    scotch
marier (se) (*v. pron.*) to marry, to get
    married
marre : en avoir – (*pop.*) to be sick and
    tired (of, **de**)
marrer (se) (*v. pron.*) (*arg.*) to laugh

maternelle (*n.f. et adj.*) : **école –** preschool

matière (*n.f.*) subject matter, material
  en – de concerning, regarding
  – première raw material

maudit (*adj.*) cursed

mécontenter (*v.t.*) to displease

méfaits (*n.m.pl.*) damage

méfier (**se**) (*v. pron.*) to distrust, to be on guard

mégalopole (*n.f.*) megalopolis

mélanger (*v.t.*) to mix

même (*adj.*) same
  de – que in the same way that
  de – in the same way
  être à – de to be in a position to
  tout de – all the same, just the same

mémé (*n.f.*) (*péjoratif*) old woman, gramma, old lady

menaçant (*adj.*) threatening

menace (*n.f.*) threat

menacer (*v.t.*) to threaten

ménage (*n.m.*) household, married couple; housework
  femme de – maid

ménager (*adj.*) having to do with the household

mensuel (*adj.*) monthly

méritant (*adj.*) worthy

mérite (*n.m.*) merit, worth, attainment

mésaventure (*n.f.*) misadventure, misfortune

messe (*n.f.*) mass
  grand'– high mass

mesure (*n.m.*) measure
  être sans commune – to have nothing to do with
  sur-mesure (*n.m.*) tailor-made clothing

métier (*n.m.*) profession, trade
  parler – to talk shop, business

métro (*n.m.*) Parisian subway system (short for *métropolitain*)

métropole (*n.f.*) capital, metropolis

mets (*n.m.pl.*) food

metteur : **– en scène** director

mettre à (**se**) (*v. pron.*) to start

meurtre (*n.m.*) murder

mi half
  mi-temps part-time

microbe (*n.m.*) germ

Midi (*n.m.*) South of France

miel (*n.m.*) honey
  lune de – honeymoon

miette (*n.f.*) crumb

travail en –s repetitive assembly-line work

mignon (*adj.*) cute

milieu (*n.m.*) circle, element, environment

milliard (*n.m.*) billion

mince (*adj.*) thin

mineur (*adj.*) under legal age

mise (*n.f.*) placing, putting
  – en cartes et en tableaux classifying on cards and tables
  – en scène (*n.f.*) direction (of a play)

misère (*n.f.*) poverty, misfortune, misery

mixité (*n.f.*) accommodation of both boys and girls

mixte (*adj.*) mixed, with both boys and girls

moche (*adj.*) (*fam.*) lousy, ugly

mode (*n.m.*) way, type, manner

mode (*n.f.*) fashion, style
  à la – in style, in fashion

modeler (*v.t.*) to shape, to mould

modéré (*adj.*) moderate

modifier (*v.t.*) to modify, to change

mœurs (*n.f.pl.*) habits, customs, manner of behaving

moindre (*adj.*) least

moins : du – at least
  pour le – at least

moitié (*n.f.*) half

mollement (*adv.*) softly, slackly, gently

moment : du – que as long as

monde : du – many people

mondial (*adj.*) world, worldwide

monstrueux (*adj.*) dreadful

montée (*n.f.*) increase, rise

montrer (*v.t.*) to show
  montrer (**se**) (*v. pron.*) to appear, to prove oneself to be

monts : par – et par vaux over hill and dale

moquer de (**se**) (*v. pron.*) to mock, to laugh at, to tease

morale (*n.f.*) morality

mordu (*n.m.*) (*fam.*) someone who is "hooked," a fanatic

motif (*n.m.*) motive, motivation

moto (*n.f.*) motorcycle (short for *motocyclette*)

mouchoir (*n.m.*) handkerchief

moulin (*n.m.*) mill

mousse (*n.f.*) foam
  – au chocolat whipped chocolate

mouton (*n.m.*) lamb, sheep

mouvoir (se) (*v. pron.*) to move
moyen (*n.m. et adj.*) means, manner; average
Moyen-Orient (*n.m.*) Middle East
moyennant (*prép.*) by means of
– **finances** against payment, for a fee
moyenne (*n.f.*) average
en – on the average
Mozart : à la – in the manner of Mozart
mur (*n.m.*) wall
mûr (*adj.*) mature
mystère (*n.m.*) mystery

N

naguère (*adv.*) not long ago
naissance (*n.f.*) birth
contrôle des –s birth control
natalité (*n.f.*) birth rate
naturiste (*n.m.*) nudist
navet (*n.m.*) turnip
néanmoins (*adv.*) nevertheless
néant (*n.m.*) nothing, nothingness
négligé (*adj.*) sloppy, neglected
négliger (*v.t.*) to neglect
nettement (*adv.*) clearly, distinctly
niveau (*n.m.*) level
– **de vie** standard of living
noblesse (*n.f.*) nobility
de – (*adj.*) noble
noces (*n.f.pl.*) wedding, marriage
nocturne (*adj.*) at night
nom : au – de on behalf of
nombreux (*adj.*) in large number, numerous
famille nombreuse large family
nommer (*v.t.*) to name, to call
notamment (*adv.*) in particular
note (*n.f.*) memo, bill
nounou (*n.f.*) nanny
nourriture (*n.f.*) food
nouveau : de –, à – again
nouveauté (*n.f.*) novelty, newness
nouvelle (*n.f.*) short story, piece of news
noyau (*n.m.*) core, nucleus
nu (*adj. et n.m.*) nude
faire du – to pose in the nude
nuire à (*v.i.*) to harm, to hurt

O

objectif (*n.m.*) lens
obscurité (*n.f.*) darkness
occasion : à l'– de upon, during
Occident (*n.m.*) the West

occulté (*adj.*) hidden, unclear
occuper (s') (*v. pron.*) to keep busy
occuper de (s') (*v. pron.*) to see to, to take care of
octogénaire (*n.m.*) eighty-year-old
œuvre (*n.f.*) work
officier (*n.m.*) officer
ombre (*n.f.*) shadow, shade
omettre (*v.t.*) (*p.p. omis*) to omit, to leave out
omoplate (*n.f.*) shoulder-blade
O.N.U. United Nations Organization
opposé : à l'– on the contrary, quite the opposite
opposer (*v.t.*) to place in opposition, to contrast, to compare
s'– (*v. pron.*) to be contrary (to, **à**), to be opposed
or (*conj.*) but, now, well
or (*n.m.*) gold
ordinaire : d'– ordinarily
ordre : du même – along the same lines, of the same nature
ordures (*n.f.pl.*) garbage
organiser (s') (*v. pron.*) to be organized
orgueil (*n.m.*) pride
orienter (*v.t.*) to direct, guide
orné (*adj.*) adorned
orphelin (*n.m.*) orphan
orthographier (*v.t.*) to spell
O.S. (**ouvrier spécialisé**) unskilled factory worker
oser (*v.i.*) to dare
ou... ou... either . . . or . . .
ou bien or
ouverture (*n.f.*) opening
ouvrier (*adj.*) working-class
ouvrier (*n.m.*) worker
ovin (*adj.*) relating to sheep

P

paiement (*n.m.*) payment
pair : aller de – avec to be on equal footing with, to keep up with
paisible (*adj.*) calm, peaceful
paix (*n.f.*) peace
palais (*n.m.*) palace (of justice)
palpitant (*adj.*) palpitating, exciting
pan (*n.m.*) flap, side, bit
panier (*n.m.*) basket
panne (*n.f.*) breakdown, trouble, failure
pantoufle (*n.f.*) slipper
paperasse (*n.f.*) paper-work, red tape

papeterie (*n.f.*) paper mill
paquet (*n.m.*) package, bundle
par-ci (*prép.*) (over) here
par-dessus tout above all
par-là (*prép.*) (over) there
paraître (*v.i.*) to seem
parcourir (*v.t.*) to cover, to travel
pardessus (*n.m.*) overcoat
pareil (*adj.*) the same
paresseux (*adj.*) lazy
parfaitement (*adv.*) perfectly
parfois (*adv.*) sometimes
pari (*n.m.*) bet, betting
parier (*v.t.*) to bet
parmi (*prép.*) among
paroi (*n.f.*) wall, partition
parole (*n.f.*) word
　donner la – à to let speak, to give
　　voice to
parquer (*v.t.*) (*fig.*) to pen in
part : à – except for, excluding, apart,
　　separate
partager (*v.t.*) to share
parti (*n.m.*) political party
particulier (*adj.*) private, personal
partie (*n.f.*) : **faire – de** to be a part of,
　　member of
　en grande – for a large part
　en – in part
partiel : temps – part-time
partir : à – de starting from, beginning
　　with
parvenir (*v.i.*) to succeed, to reach, to
　　come
pas (*n.m.*) step, footstep
　de là il n'y a qu'un – from that it is
　　very easy to conclude
pascalien (*adj.*) referring to the French
　　philosopher Pascal
passage : de – (just) traveling through
passager (*adj.*) passing, momentary
passer : – un examen to take an exam
passionné (*adj.*) passionately fond
passionner (*v.t.*) to thrill, to excite
pastèque (*n.f.*) watermelon
patate (*n.f.*) (sweet) potato
pâtes (*n.f.pl.*) noodles
patience : prendre son mal en – to be
　　patient in trying circumstances
pâtre (*n.m.*) shepherd
patrie (*n.f.*) homeland, mother country
patron (*n.m.*) boss, chief
patronat (*n.m.*) management
pâturage (*n.m.*) pasture

paumé (*adj.*) (*fam.*) lost
pavillon (*n.m.*) dormitory
paysagiste (*n.m.*) landscaper, landscape
　　artist
paysan (*adj.*) peasant, country-like
péage (*n.m.*) toll booth
peau (*n.f.*) skin
pédiatre : médecin – pediatrician
peindre (*v.t.*) (*p.p.* **peint**) to paint
peine (*n.f.*) pain, hardship
　à – scarcely, hardly
　être en – de to be at a loss for, to have
　　difficulty with
　faire de la – à to hurt, to pain
　sous – de under threat of, for fear of
　valoir la – to be worth it
peintre (*n.m.*) painter
peinture (*n.f.*) paint, painting
pèlerin (*n.m.*) pilgrim
pellicule (*n.f.*) roll of film
pendant (*prép.*) during, for
pendule (*n.f.*) clock
pénétrer (**se**) (*v. pron.*) to intersect, to
　　overlap
pensée (*n.f.*) thought
pension (*n.f.*) : **– alimentaire** alimony
percer (*v.t.*) to pierce, to break through
percevoir (*v.t.*) to perceive, to conceive
　　of
perché (*adj.*) perched
péremptoirement (*adv.*) decisively,
　　peremptorily
périodique (*n.m.*) periodical
périphérie (*n.f.*) outskirts
périr (*v.i.*) to perish
permettre (*v.t.*) to permit
permis (*n.m.*) licence
personnage (*n.m.*) character, role
perte (*n.f.*) loss
pesant (*adj.*) heavy
péter (*v.i.*) (*pop.*) to snap, to crack, to
　　explode
petit : tout – (*n.m.*) very young child
pétrole (*n.m.*) oil
peu à peu little by little
peuple (*n.m.*) people
peur : faire – à to frighten
phénomène (*n.m.*) phenomenon
photo (*n.f.*) : **la –** the photo industry,
　　modeling
photographe (*n.m.*) photographer
photographie (*n.f.*) photo, photograph
physique (*n.f.*) physics
physique (*adj.*) physical

pièce (n.f.) : – **de théâtre** play
piéton (n.m.) pedestrian
pilule (n.f.) pill, "the Pill"
pimpant (adj.) well-dressed, smartly dressed
piquer (v.t.) to prick, to sting
piquet (n.m.) : – **de grève** picket line
piqûre (n.f.) sting, bite
pire (adj.) worse, worst
piscine (n.f.) pool
place : **à la – de** in the place of
plage (n.f.) beach
plaindre (**se**) (v. pron.) to complain
plainte (n.f.) complaint
plaire à to be pleasing to
plaisanterie (n.f.) joke
plaisir (n.m.) pleasure
plan (n.m.) blue-print
   au premier – in the foreground, close up
   sur le – moral as for morality, regarding morality
planche (n.f.) (drawing) board, plate, engraving
plantureux (adj.) buxom
plat (n.m.) dish (of food), course
plat (adj.) flat
plein (adj.) full
plier (v.t.) to fold
plonger (v.t.) to plunge, to thrust, to immerse
   plonger (**se**) (v. pron.) to dive, to plunge
plupart (n.f.) greater part
plus : **de – en –** more and more
   plus... plus... the more . . . the more . . .
plusieurs (adj.) several
plutôt (adv.) rather
poésie (n.f.) poetry
poids (n.m.) weight
point (n.m.) : **faire un –** to mend, to stitch
policier (adj.) of police, detective
policier (n.m.) policeman
politique (n.f.) politics, policy
politisation (n.f.) interest or involvement in politics
politisé (adj.) politicized
polluer (v.t.) to pollute
polonais (adj.) Polish
pomme de terre (n.f.) potato
porter (v.t.) to carry, to wear; to bear (a child)
   porter (**se**) (v. pron.) : – **bien** to be in good shape, health
poser (v.t.) : – **un problème** to raise a problem

– une question to ask a question
se – (v. pron.) to be posed, to arise
poste (n.m.) radio or television; position, job
poste (n.f.) post office, mail
postes (n.f.pl.) postal service
postier (n.m.) postal clerk
poubelle (n.f.) garbage barrel
pouce : **coup de –** a helpful push
pouffer (v.i.) : – **de rire** to burst out laughing, to bubble over with laughter
poupée (n.f.) doll
   jouer à la – to play with dolls
pourboire (n.m.) tip
pourri (adj.) rotten
poursuivre (v.t.) to continue, to follow, to pursue
   poursuivre (**se**) (v. pron.) to be continued
pourtant (adv.) however
pourvu de provided with, furnished with
pousser (v.t.) to push, to push aside
poussière (n.f.) dust
pouvoir (n.m.) power
pouvoir : **n'en – plus** to not be able to take it any longer
pratique (n.f.) practice, action, observance, habit
pratique (adj.) practical
préciser (v.t.) to describe in detail, to clarify
précision (n.f.) detail
préconçu (adj.) preconceived
préjugé (n.m.) prejudice
premier : – **ministre** prime minister
première (n.f.) next to last year of *lycée* (about 16 years old)
prendre : – **un coup** to get hit, to receive a blow
   se faire – to get caught
préoccuper (v.t.) to preoccupy, to concern
   préoccuper (**se**) (v. pron.) to be concerned (about, **de**)
préparer (**se**) (v. pron.) to get ready
préposé (n.m.) person in charge, employee
près (adv.) close
   à 2 exceptions – with 2 exceptions
   à peu – approximately, almost
   de – close up, closely
présentation (n.f.) appearance
présenter (v.t.) to introduce
pression (n.f.) pressure

groupe de – pressure group, lobby
prêt-à-porter (*n.m.*) ready to wear clothing
prétendre (*v.t.*) to claim
prétendu (*adj.*) supposed, alleged
preuve (*n.f.*) proof
  faire – de to give evidence of
prévaloir contre (*v.i.*) to prevail over
prévenant (*adj.*) kind, obliging
prévenir (*v.t.*) to warn, to inform
préventif : examen – medical check-up
prévisible (*adj.*) foreseeable, predictable
prier (*v.t.*) to pray
prière (*n.f.*) prayer
primaire (*n.m. et adj.*) elementary school
primer (*v.i.*) to be important, to win
principe (*n.m.*) principle
  en – theoretically, in principle
prise (*n.f.*) grasp, grip, hold
  – de conscience coming to awareness, realization
  – de position stance, opinion
privation (*n.f.*) want, need
privé (*adj.*) private, personal
priver (*v.t.*) to deprive
privilégié (*adj. et n.m.*) privileged (person)
procès (*n.m.*) court trial
prochain (*n.m.*) neighbor, fellow human
Proche-Orient (*n.m.*) Middle East
producteur (*adj.*) producing, supplying
produire (*v.t.*) to produce
  produire (se) (*v. pron.*) to occur, to happen
produit (*n.m.*) product
progéniture (*n.f.*) progeny, children
projet (*n.m.*) project, program, plan
projeter (se) (*v. pron.*) to project oneself, to anticipate
prometteur (*adj.*) promising
propédeutique (*n.f.*) pre-university study
prophète (*n.m.*) prophet
propos (*n.m.*) talk, words, remark
  à ce – on this topic
proposition (*n.f.*) proposal
propre (*adj.*) own; apt; clean
  – à suited to, appropriate for, to
propriétaire (*n.m.*) owner, keeper
protal (*n.m.*) (*arg.*) principal, *proviseur*
prou : peu ou – (*adv.*) more or less
prouver (*v.t.*) to prove
Provence (*n.f.*) southern province in France
proviseur (*n.m.*) principal
provocant (*adj.*) provocative

provoquer (*v.t.*) to provoke
psychiatre (*n.m.*) psychiatrist
psychologue (*n.m.*) psychologist
puant (*adj.*) stinking, foul
publicitaire (*adj.*) publicity, advertising
publicité (*n.f.*) advertising, publicity, commercial, advertisement
publier (*v.t.*) to publish
puce (*n.f.*) flea
  marché aux Puces well-known flea market
pudeur (*n.f.*) modesty, bashfulness
pull (*n.m.*) pullover (sweater)
pulpeux (*adj.*) fleshy, seductive

Q

quadragénaire (*n.m.*) forty-year-old
qualification (*n.f.*) qualifications
qualité (*n.f.*) quality, nature
quand : Quand même ! I should know! Wouldn't you think . . . !
quant à (*adv.*) as far as, in regard to
quarantaine (*n.f.*) about 40
quart (*n.m.*) quarter
  les trois –s three quarters
quartier (*n.m.*) quarter, district
quasi (*adv.*) almost, quasi
quatre : – à – four stairs at a time
Québecois (*n.m.*) person from Quebec
quel : – qu'il soit whatever, whichever it may be
quelconque (*adj.*) mediocre, just any
question : mettre en – to question
  il n'en est pas – it is out of the question
queue (*n.f.*) tail, line
qui... qui... some (people) . . . some (people) . . .
quinquagénaire (*n.m.*) fifty-year-old
quitte à (*adv.*) at the risk of, with the possibility of
quotidien (*adj.*) daily
quotidien (*n.m.*) daily newspaper

R

raconter (*v.t.*) to tell, to narrate
radical (*n.m.*) politician belonging to the center (in France)
rafraîchir (*v.t.*) to refresh, to renew
raidi (*adj.*) rigid, stiffened
raisin (*n.m.*) grape
raison : en – de because of
  – d'être purpose, meaning, use

rajeunir (v.t.) to revive, to make younger, to modernize, to rejuvenate

râler (v.i.) (pop.) to complain, to become angry

ramasseur (n.m.) collector

ramener (v.t.) to bring back

randonnée (n.f.) excursion, outing

rang (n.m.) row, rank

ranger (v.t.) to class, to place

rapiécé (adj.) patched up

rappeler (v.t.) to recall

rapport (n.m.) relationship, relation
en – productive, financially solid
messieurs-bien-sous-tous-les-rapports men of means, irreproachable

rapporter (v.t.) to carry off, to bring back

rapprochement (n.m.) connection, comparison

ras : – le bol ! (très fam.) I've had it up to here!
– du cou round-necked (sweater)

raser (se) (v. pron.) to shave

rassurer (v.t.) to reassure
rassurer (se) (v. pron.) to be reassured

rattrapage (n.m.) catching up, compensation

rattraper (se) (v. pron.) to catch up, to make up for the loss

ravi (adj.) delighted

ravissant (adj.) ravishing, gorgeous, beautiful

ravissement (n.m.) delight

rayé (adj.) striped

rayonnement (n.m.) dissemination, radiation

réagir (v.i.) to react

réalisation (n.f.) creation, carrying out, (self-)fulfillment

réaliser (v.t.) to create, to bring about
se – (v. pron.) to find fulfillment

rebelle (adj.) rebellious, obstinate

récepteur (n.m.) T.V. set

réception (n.f.) reception, reception desk

recette (n.f.) recipe

recettes (n.f.pl.) receipts

recevoir (v.t.) to receive (a guest)

recherche (n.f.) research

rechercher (v.t.) to seek, to look for

rechigner (v.i.) to be unwilling to do something

réclamer (v.t.) to request, to call for

récolte (n.f.) harvest

recommencement (n.m.) new beginning

récompenser (v.t.) to reward

réconfortant (adj.) comforting

reconnaître (v.t.) to recognize, to acknowledge

recoupement (n.m.) cross-reference

récréation (n.f.) recess

récrire (se) (v. pron.) to be rewritten

rectifier (v.t.) to rectify, to correct

reçu (adj.) passed, approved
idées –es preconceived notions, prejudices

recul (n.m.) : avec – from a distance

recyclage (n.m.) recycling

rédacteur (n.m.) writer, editor

rédaction (n.f.) composition, essay

rédiger (v.t.) to write, to draft, to draw up

redouter (v.t.) to fear

réduire (v.t.) (p.p. réduit) to reduce

réellement (adv.) really, truly

réfléchir (v.i.) to think, to reflect

refléter (v.t.) to reflect

réformer : se faire – to get out of military service for health reasons

réfractaire (adj) refractory, insubordinate

réfugier (se) (v. pron.) to find refuge

regard : avoir un – vers to look at
mise en – (n.f.) looking at, review

regarder (se) (v. pron.) to be watched, looked at

régie (n.f.) organization, administration

régime (n.m.) form of government, system; diet

règle (n.f.) rule

régler (v.t.) to settle, to pay

régner (v.i.) to reign, to prevail

regrouper (v.t.) to group together, to record

régulier (adj.) regular, honest, consistent, steady

reine (n.f.) queen

réinsérer (v.t.) to fit in, to put back

rejeter (v.t.) to reject

relâcher (se) (v. pron.) to relax, to slacken

relation (n.f.) relation, relative

relève (n.f.) : prendre la – to take over, to relieve

remanié (adj.) worked over

remarque mind you

rembourser (v.t.) to reimburse

remercier (v.t.) to thank

remettre (v.t.) to put back, to hand over, to give back, to replace

remise (n.f.) : – en route putting back into operation

remontée (n.f.) comeback
remous (n.m.) eddy, stirring
rempart (n.m.) rampart, wall, obstacle
remplacer (v.t.) to replace
remporter (v.t.) : **– une victoire** to win
rémunérer (v.t.) to pay for
renard (n.m.) fox
rendement (n.m.) output
rendre (v.t.) to return, to give back
renforcer (v.t.) to reinforce
renoncer (v.i.) to abandon, to give up
renseignements (n.m.pl.) information
rentrée (n.f.) opening of school year
renversement (n.m.) reversal
renverser (v.t.) to reverse, to knock over,
    to spill
répandre (v.t.) to spread (out)
répandu (adj.) common, widespread;
    spread out, strewn about
répartir (v.t.) to distribute
    répartir (**se**) (v. pron.) to be distributed
répartition (n.f.) distribution, division
repas : faire un – to have a meal
repasser (v.t.) to iron
repérer (v.t.) to spot, to notice
répertorié (adj.) filed, classed
répéter (v.t.) to repeat, to rehearse
répétition (n.f.) rehearsal
repos (n.m.) rest
reposant (adj.) restful, relaxing
reposer (**se**) to rest
représentant (n.m.) representative
représenter (v.t.) to represent, to depict,
    to portray
    représenter (**se**) (v. pron.) to make a
    picture of, to make a general idea of
réprimer (v.t.) to repress
réserve (n.f.) reservation, reserve
résidence (n.f.) dormitory
résistance (n.f.) : **plat de –** main dish
résoudre (v.t.) (p.p. **résolu**) to resolve
respirer (v.t.) to breathe
responsable : être tenu pour – to be held
    responsible
ressembler (**se**) (v. pron.) to ressemble
    each other
ressentir (v.t.) to feel, to consider
restaurer (**se**) (v. pron.) to eat
reste : au – moreover, besides
    du – moreover, besides
rester (v.i.) to remain, to stay
retard (n.m.) delay, time lost
retenir (v.t.) to retain, to hold in, to
    reserve

retenir (**se**) (v. pron.) to refrain, to
    retain oneself
retirer (v.t.) to withdraw, to take away
retourner (v.t. et v.i.) to turn around,
    to return
retraite (n.f.) retirement
    prendre sa – to retire
retraité (n.m.) retired person
retranscrire (**se**) (v. pron.) to be recopied
retrouver (**se**) (v. pron.) to find oneself
    je m'y retrouve I make do, I make ends
    meet
réunion (n.f.) meeting
réunir (**se**) (v. pron.) to come together,
    to join together
réussir à (v.i.) to pass, to succeed
réussite (n.f.) success
revanche (n.f.) revenge
    en – on the other hand
rêvasser (v.i.) (fam.) to daydream
réveil (n.m.) alarm clock
révélateur (n.m.) discoverer, informer
révélateur (adj.) revealing, indicative
revenir (v.i.) : **faire –** to brown (in
    cooking)
    cela revient au même that boils down
    to the same thing
revenu (n.m.) income, revenue
ride (n.f.) wrinkle
rideau (n.m.) curtain
rien que merely, only
rigolade (n.f.) (fam.) laughter, something
    laughable
rigoler (v.i.) (fam.) to laugh
rigueur (n.f.) strictness, severity,
    austerity
risquer de (v.t.) to be apt to, to be likely to
rivaliser (v.i.) to vie with, to be a rival
rive (n.f.) bank (of river)
rivé (adj.) riveted
riz (n.m.) rice
robe : – de chambre robe, housecoat
roc (n.m.) rock
roi (n.m.) king
roman (n.m.) novel
rompre (v.t. et v.i.) to break, to break up
rond : en – in a circle, around
roquefort (n.m.) Roquefort cheese
rose (n.m.) pink
rôtie (n.m.) roasted meat
route (n.f.) highway, road
roux (adj.) (f. **rousse**) redhead, red-haired
royaume (n.m.) kingdom
rubrique (n.f.) topic, section

rucher (n.m.) beehive
rupture (n.f.) breakup
rythmer (v.t.) to punctuate, to set a
   rhythm

S

sabbat (n.m.) sabbath
sac (n.m.) sack, bag
  – à dos knapsack, back pack
  être dans le même – to be in the same
   category
sacerdoce (n.m.) saintly calling
sacré (adj.) sacred
safran (n.m.) saffron
sage (adj.) discreet, well-behaved
saignement (n.m.) bleeding
sain (adj.) healthy
  – et sauf in one piece, safe and sound
salé (n.m.) salted pork
saleté (n.f.) dirt, filth
salle (n.f.) large room; house (of theater)
salopette (n.f.) overalls
salutaire (adj.) beneficial, wholesome
sanguin (adj.) of blood
santé (n.f.) health
saphir (n.m.) sapphire
satisfaire (v.t.) to satisfy
sauce (n.f.) sauce, gravy, salad dressing
sauf (prép.) but, except
sauter (v.t.) to leap, to jump over
  le pas est vite sauté one goes quickly
   from one to the other
sauvage (adj.) wild, uncivilized, rude
sauvegarde (n.f.) safeguarding, pro-
   tection
sauver (**se**) (v. pron.) (fam.) to run away
savant (n.m.) scholar, scientist
saveur (n.f.) flavor, taste
savoir : ne saurait être could never be
savon (n.m.) soap
scandaleux (adj.) disgraceful
scandaliser (v.t.) to shock
scène (n.f.) scene, stage
scinder (**se**) (v. pron.) to split up
scolaire (adj.) pertaining to school
  médecin – school doctor
scolarisation (n.f.) placing into school
scolarité (n.f.) attendance in school
séance (n.f.) session, meeting, sitting
sécher (v.t.) to cut, to skip (a class)
sécheresse (n.f.) dryness, harshness
secondaire (n.m. et adj.) junior and high
   school level studies

seconder (v.t.) to assist
secouer (v.t.) to shake
sectarisme (n.m.) sectarianism
séduit (adj.) seduced, attracted, con-
   vinced, charmed
Seigneur (n.m.) Lord
seigneur (n.m.) lord, noble
séjourner (v.i.) to spend time somewhere
sélectionner (v.t.) to select, to choose
selon (prép.) according to
semblable (adj.) similar
semblant (n.m.) semblance, appearance
  faire – to pretend
semer (v.t.) to sow, to scatter
sens (n.m.) direction, sense
  avoir du – to have meaning, to make
   sense
sensible (adj.) sensitive
sentir bon, mauvais to smell good, bad
serait : ne serait-ce que if only
serrer (v.t.) **: – la main** to shake hands
serveuse (n.f.) waitress
service (n.m.) service
  libre – self-service
  rendre – to do a favor, to do a service
servir de (v.i.) to be used for
sexagénaire (n.m.) sixty-year-old
sexomanie (n.f.) sex mania
sidéré (adj.) (fam.) flabbergasted
siècle (n.m.) century
sifflet : marcher au – to obey a whistle
signaler (v.t.) to point out
signataire (n.m.) signatory, person who
   signs
silhouette (n.f.) silhouette, profile
singulier (adj.) singular, odd, weird
sinistré (adj.) affected by disaster
sinon (conj.) if not, otherwise
situation (n.f.) situation, position, place
situé (adj.) situated, located
slip (n.m.) underpants, panties
smoking (n.m.) tuxedo
snack (n.m.) (pop.) snack shop
société (n.f.) enterprise, large business,
   private company
sociologue (n.m.) sociologist
soie (n.f.) silk
soif (n.f.) thirst
soigné (adj.) neat, well-groomed
soigner (v.t.) to take care of
  se – (v. pron.) to take care of oneself
  soin (n.m.) need, care
   prendre – to be careful
   prendre – de to take care of

soirée (n.f.) evening party
   robe de – evening gown
soit (adv.) be it
soixantaine (n.f.) about 60
soldat (n.m.) soldier
solide (adj.) solid, strong, firm
sommet (n.m.) height, summit
sondage (n.m.) opinion poll
sorcier (n.m.) witch
sort (n.m.) fate, chance
   tirer au – to draw lots
sortie (n.f.) exit, excursion
sortir (v.t. et v.i.) to take out of; to go out
   – avec to date
sou : en avoir pour ses –s to get one's
   money's worth
souci (n.m.) worry, concern
   se faire du – to worry
soucier (se) (v. pron.) to worry, to be
   concerned
soudain (adv.) suddenly
souffrance : en – suspended, awaiting
   delivery
souffrir (v.t.) (p.p. souffert) to suffer,
   to endure
souhait (n.m.) hope, wish
souhaiter (v.t.) to hope, to wish
soûl (adj.) drunk
soulager (v.t.) to comfort, to relieve
souper (n.m.) supper
soupir (n.m.) sigh, breath
souple (adj.) flexible
source (n.f.) spring
sourcil (n.m.) eyebrow
sourire (v.i.) to smile
soutane (n.f.) cassock (fig.) priest
soutenir (v.t.) to support, to encourage
souterrain (adj.) underground
soutien-gorge (n.m.) bra, brassiere
spectacle (n.m.) performance, show
   (theater)
spirituel (adj.) witty, intellectual
spontanément (adv.) spontaneously
sport : faire du – to practice a sport
stade (n.m.) stage, level
stage (n.m.) on-the-job training
stationnement (n.m.) parking
stop : faire du – to hitchhike
studio (n.m.) one-room apartment,
   efficiency apartment
subir (v.t.) undergo
subsistance (n.f.) subsistence, mainte-
   nance, sustenance
substitut (n.m.) substitute

subvenir (v.i.) to supply, to provide for
subvention (n.f.) subsidy
succéder (se) (v. pron.) to succeed each
   other
Suède (n.f.) Sweden
suffire (v.i.) to be enough, to suffice
suffisamment (adv.) enough
Suisse (n.f.) Switzerland
suite (n.f.) sequel, conclusion
   à la – de following, as the result of
   de – consecutively, one after another
suivre (v.t.) to follow
sujet : au – de over, about
supérieur (n.m. et adj.) university level
   studies; higher, upper
supplémentaire (adj.) extra
supporter (v.t.) to tolerate
supprimer (v.t.) to do away with, to
   abolish
suprématie (n.f.) supremacy
sur (prép.) on, out of
sûr : bien – of course, certainly
surface : grande – large supermarket
surpopulation (n.f.) overpopulation
surprise : tirer une – to be surprised
surtout (adv.) above all, especially
survenir (v.i.) to happen, to occur
sympa (adj.) (pop.) short for sympathique
sympathique (adj.) nice, friendly
sympathisant (n.m.) sympathizer
syndicat (n.m.) labor union
   – d'initiative tourist information office
syndiqué (adj.) : être – to be in a labor
   union
Syrie (n.f.) Syria

T

tableau (n.m.) scene, painting, picture
tâche (n.f.) task, job
tâcher (v.i.) to attempt, to try
taille (n.f.) waist, size
tailleur (n.m.) woman's suit
taire (se) (v. pron.) to keep silent, to be
   quiet
talon (n.m.) heel
tant (adv.) so much, such
   – bien que mal as best one can
   en – que in as much as, as
   – mieux great, all the better
   – pis too bad, "tough"
   – que as long as
   si – est if ever
taper (v.t.) to hit, to slap

se – dessus (fam.) to knock each other down, to criticize each other
   – à la machine to type
tardif (adj.) late
tarif (n.m.) price
tarte (n.f.) pie
tartine (n.f.) buttered bread or bread with jam
tas (n.m.) pile, heap
teinturier (n.m.) dry cleaner
tel (adj.) such
   – que such as, just as
   un – such a
télé (n.f.) (fam.) short for *télévision*
téléphonique (adj.) by telephone
télspectateur (n.m.) television viewer
tellement (adv.) so, so much
   pas – not particularly
témoin (n.m.) witness
   prendre à – to take for witness
temps : en même – at the same time
tenant (n.m.) holder, defender
tendance (n.f.) tendency
tendre (v.t.) to stretch, to spread
   – à to tend toward
tendresse (n.f.) tenderness
tenir à to be eager, anxious to
tenir (se) (v. pron.) to behave, to act, to hold on
   – bon to hold one's ground, to remain firm
   tiens-toi bien hold on tight, get ready for this
tennis (n.m.) sneaker
tentaculaire (adj.) tentacular
tentation (n.f.) temptation
tenté (adj.) tempted
tenter (v.t.) to attempt, to try
tenue (n.f.) appearance, dress, behavior, good manners
terminale (n.f.) last year of *lycée*
terminer (se) (v. pron.) to be finished
terne (adj.) dull, dim
terrain (n.m.) ground
   – de sport court, field
tête (n.f.) head; (fam.) face
   avoir en – to think about
   en – at the head of the list, foremost
   faire la – to make a face, to pout
   tiens ! hey!
tiers (n.m. et adj.) third
   le – monde the Third World
timoré (adj.) timorous
tir (n.m.) shooting

tirer (v.t.) to pull
   – une photo to print, to run off
   – sur quelqu'un to shoot at someone
tissu (n.m.) material, fabric, cloth
titre (n.m.) title
   à – de by way of, as
tituber (v.i.) to stagger, to totter
toilette (n.f.) : **faire sa –** to wash up
tondre (v.t.) to shear, to cut
torse (n.m.) torso, chest
tort (n.m.) : **avoir –** to be mistaken, to be wrong
   avoir des –s to be in the wrong
tôt (adj.) early, soon
toucher (v.t.) to touch, to receive payment of
tour (n.m.) turn, tour, vein, manner, aspect
   – de France famous bicycle race around France
tour (n.f.) tower
tourner (v.t. et v.i.) to turn
   – autour to avoid the question
   se – (v. pron.) to turn around
tracasser (v.t.) to worry, to bother
tract (n.m.) leaflet (for propaganda)
trafic (n.m.) illegal transaction
train : aller bon – to move right along, to go at a good speed
traîner (v.i.) to draggle, to lie about, to linger
trait (n.m.) feature, characteristic
traiter (v.t.) to treat, to deal with
tranche (n.f.) slice, cut, category
trancher (v.i.) to decide, to determine
transmettre (v.t.) to transmit, to communicate
transpirer (v.i.) to sweat, to perspire
transport (n.m.) transportation
   – en commun public transportation
travailleur (adj.) hard-working
travers : à – through, across, throughout
tremper (v.t.) to wet, to soak
   tremper (se) (v. pron.) to get wet, to take a dip
tri (n.m.) sorting out
triage (n.m.) sorting
   gare de – part of train station where various wagons are hooked on and off
tribunal (n.m.) court of justice
tribune (n.f.) rostrum, gallery
tricot (n.m.) knitting, sweater
   en – knitted

tromper (v.t.) to cheat, to trick, to cheat on

trottoir (n.m.) sidewalk

troublé (adj.) disturbed

troué (adj.) with holes

troupeau (n.m.) flock, herd

trouver (**se**) (v. pron.) to find oneself to be, to consider oneself

truc (n.m.) (fam.) thing, gadget, gimmick

truffe (n.f.) truffle

truquer (v.t.) to fake, to falsify (v.i.) to cheat

truqueur (n.m.) fraud, cheater

type (n.m.) (fam.) guy, fellow

type (adj.) standard, stereotype

U

unanimement (adv.) unanimously

uni (adj.) united, together

unique (adj.) only
   enfant – only child

uniquement (adv.) solely, only

unir (v.t.) to unite, to bring together

urbanisme (n.m.) city planning

urgence (n.f.)
   de toute – urgently

usage : d'– customary

usé (adj.) worn, worn out

user de to wear out, to use up, to waste

usine (n.f.) factory

usité (adj.) used, in use, usual

V

va : à la va–**vite** very quickly and carelessly

vaincre (v.t.) to conquer, to defeat

vainqueur (n.m.) champion, winner

vaisselle (n.f.) dishes

valeur (n.f.) value, worth
   mettre en – to emphasize, to enhance

valide (adj.) in good health, able-bodied

valoir (v.i.) to be worth
   se – (v. pron.) to be of equal value
   – **mieux** to be better
   cela se vaut that's the same thing

valoriser (v.t.) to give value to, to give worth to

vanter (v.t.) to boast, to brag about, to praise

vaporeux (adj.) airy, sheer

varié (adj.) various, miscellaneous

variétés (n.f.pl.) variety shows

veau (n.m.) calf, veal

vecteur (n.m.) vector, direction

veillée (n.f.) evening, staying up

vélo (n.m.) bicycle

velours (n.m.) velvet

vendre (**se**) (v. pron.) to be sold

vendu (n.m. et adj.) (pop.) traitor, person who sells himself out

venger (**se**) (v. pron.) to get one's revenge

vente (n.f.) sale

ventre (n.m.) stomach

venu (n.m.) : **nouveau** – newcomer

verrue (n.f.) wart, blotch

vers (prép.) towards

verser (v.t.) to pour; to pay

veston (n.m.) jacket

veuf (n.m.) (f. **veuve**) widower, widow

vicié (adj.) corrupted, foul, stale

vide (adj.) empty

vif (adj.) quick, brisk, ardent, lively, active

vigueur (n.f.) vigour, strength, energy
   en – in effect, in practice

vinaigre (n.m.) vinegar

viol (n.m.) rape, violence done

violemment (adv.) violently

violer (v.t.) to violate, to transgress; to rape

violoncelle (n.m.) cello

vis-à-vis de in regard to

visage (n.m.) face

vitesse (n.f.) speed

vivement (adv.) quickly, sharply, keenly

vivre (**se**) (v. pron.) to be lived

vocation (n.f.) vocation, calling in life

vœu (n.m.) wish, desire

voici : – deux ans two years ago

voie (n.f.) way, route, path

voile (n.f.) sail, sailing

voir : avoir à – avec to have to do with
   voir (**se**) (v. pron.) to find oneself, to see oneself

voire (adv.) indeed, even

voisin (n.m.) neighbor

voisinage (n.m.) neighborhood

voix (n.f.) voice

vol (n.m.) theft, flight

volley (n.m.) : **faire du** – to play volleyball

volontariat (n.m.) volunteer work

volonté (n.f.) wish, desire, will, will power

volontiers (adv.) gladly, with pleasure

vouloir (v.t.) to want, to wish

– **bien** to consent to, to agree to
– **de** to want a part of
– **dire** to mean, to signify
voyage : – **libre** trip with no set itinerary
voyou (*n.m.*) hoodlum
vrai : à – **dire** as a matter of fact, to tell the truth
vraisemblance (*n.f.*) likelihood, probability
vue (*n.f.*) vision, view
    en – **de** with a view to, for the purpose of

vulgaire (*adj.*) vulgar, common

W

wagon (*n.m.*) car (of a train)

Y

yaourt (*n.m.*) yogurt

Z

zizi (*n.m.*) (*fam. et pour enfants*) penis

ACKNOWLEDGEMENTS

The editors would like to thank the following for their kind permission reprint selections appearing in this volume:

LE CHASSEUR FRANÇAIS for "Les Annonces de mariage."

EDITIONS CALMANN-LEVY for "Les Cooks" from "Allez vous rhabiller" by Jacques Faizant.

LES EDITIONS DENOËL GONTHIER PLANETE for "On a eu l'inspecteur" from *Le Petit Nicolas* by Sempé-Goscinny.

L'EDUCATION for "La Presse et les jeunes."

L'EQUIPE for "Le Vélo, instrument de la joie de vivre" by Michel Thierry and Robert Pajot.

L'EXPRESS for "A table" by Claude Lebey; "Avortement libre, oui, mais pas gratuit" by Docteur Basset; "Le Défi communiste" by Jean-Jacques Servan-Schreiber; "Les Hommes au banc d'essai"; "Les Maternelles de Dijon"; "Quand vos enfants parlent" by Jeanne Delais; "L'Université des retraités" by Jacqueline de Linares.

LE FIGARO for "Pour les Américains, un micro-sommet" by Jacques Renard.

LE MONDE for "La Grammaire des Féministes"; "Honteux d'être gourmands" by Henri Pierre; "On peut flâner à New York" by Bruno Frappat; "La Politique culturelle, précieux atout des Français" signed R. G.

LE MONDE DIPLOMATIQUE for "Le Québec, un avenir à construire" from "Québec, le reconquête de nos arpents de neige" by Marcel Rioux.

MONTEFIBRE, CENTRE INDUSTRIEL, GROUPE MONTEDISON for "Référendum Montefibre sur l'habillement."

LE NOUVEL OBSERVATEUR for "Les Français et le bonheur"; "Le Travail, une valeur en chute libre" by Mariella Righini.

LE POINT for excerpts from "Les Français jugent leur ville" by Robert Franc; "La Prison aux trois chaines" by M. T. Guichard.

PRESSE ACTUALITÉ for excerpts from "Comment s'informent les Français" by J. P. Maruhenda.

PUBLICATIONS FILIPACCHI for "Ces Filles qui posent nues" by Claudine Vernier Paillez; "Les Métiers de la nature" by Anne Galey and Mady Caën.

LE QUOTIDIEN DE PARIS for "Le Triomphe des images" by Gilles Plazy.

SCOOP for "Les Célibataires" by Marcelle Segal; "Ces Vacances qui font peur aux parents" by Muriel Dechavanne; "Les Coups, c'est nous qui les prenons" by René Barjaval; "L'Enseignement aux mains des femmes" by Catherine Chaine; "Hélène Rochas: des goûts et des parfums" signed J. P.; "Il est drôlement bien ce proviseur" by Françoise Tournier; "Interview avec Lionel Stoléru" by Victor Franco; "Le Mariage, à quoi bon?" by Françoise Simpère; "La Mode au lycée" by Marie-Laure Bouly; "Parents, avez-vous démissionné?"; "Si Israël cessait d'exister?" by Benoit Rayski; "Vous qui avez froid à la voiture" by René Barjaval; "Les Français sont comme ça" by Henri Gault.

PICTURE CREDITS

Page 1, Janine Niépce/Photo Researchers; 5, Sempé; 10, Jacques Faizant/Idéréa; 13, Christopher Kirkland; 19, Henri Cartier-Bresson/Magnum; 23, Owen Franken/Stock, Boston; 27, Alain Keler/Editorial Photocolor Archives; 36, Cary Wolinsky/Stock, Boston; 43, C. Raimond-Dityvon/Viva from Woodfin Camp; 52, J. P. Paireault/ Magnum; 58, British Airways; 63, French Government Tourist Office; 66, New York Convention & Visitors Bureau; 71, Photo Courtesy Pan American World Airways, Inc.; 82, Marc Riboud/Magnum; 89, Owen Franken/Stock, Boston; 91, Sempé; 95, Jacques Faizant/Idéréa; 100, Christopher Kirkland; 107, Air France; 118, Sempé; 125, Christopher Kirkland; 130, Alecio DeAndrade/Magnum; 133, Henri Cartier-Bresson/ Magnum; 138, Air France; 141, Doyle Dane Bernbach; 151, Jacques Faizant/Idéréa.